THE ESSENTIAL GUIDE TO CRITICAL THINKING

本質思考力をつかむ

小宮一慶

Komiya Kazuyoshi

中経の文庫

STEP ①

「現象」を正確にとらえる!

引き出しの数や
中身の量・質を充実させる

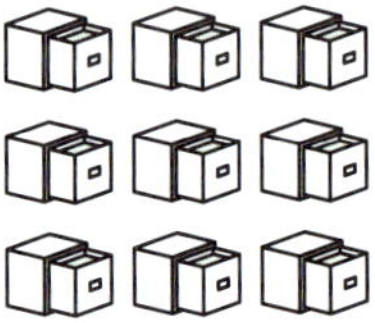

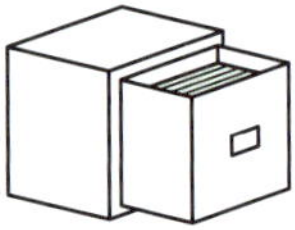

STEP ②

「仮説検証」する!

引き出しの整理・整頓

STEP ③

「本質」をつかむ!

引き出しを使った分析

「思考力」を身につける5ステップ

STEP 0

思考が高まる4つのスイッチ

頭の中には引き出しがたくさんある

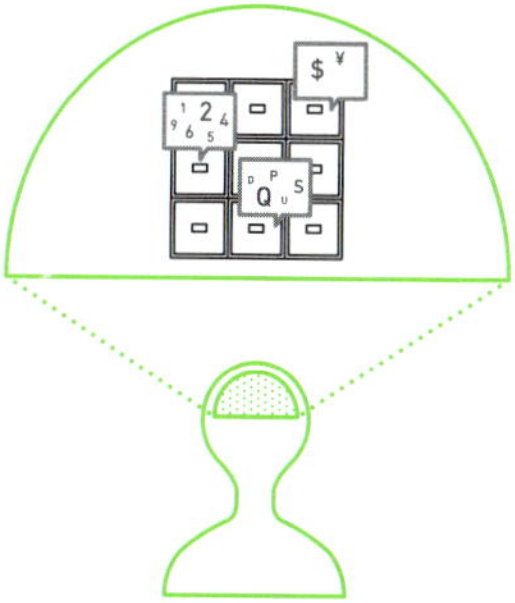

STEP 4

「ひらめき」を生み出す!

引き出しを関連づける

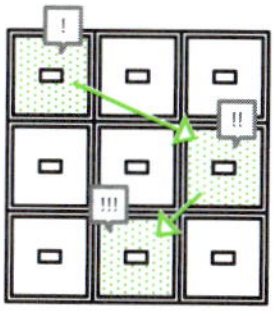

思考力アップ!!

CHALLENGE-1

思考力を高める質問にチャレンジ！①

Q

「ルイ・ヴィトン」

「ドン・ペリニヨン」

「タグ・ホイヤー」

この3つのブランドの
共通点は何か？

この質問に答えるには……

「現象」を正確にとらえる！

▽現象を頭の中に正確にインプットする

▽常に「関心」を持って世の中を見る

▽新聞を読んで事実をつかむ

→答えは、「STEP1」67ページへ

Q

街中にある自動販売機。
どこの会社の
自動販売機が
いちばん多いか？

この質問に答えるには……

「仮説検証」する！

▽現象に関心を持ったら、理由を考える
▽感覚は「数字」で検証する
▽ツールを使って現象を「具体化」する

→答えは、「STEP2」127ページへ

思考力を高める質問にチャレンジ！③

Q

米国でアコード（ホンダの車）が年間40万台売れていた。これってすごい？すごくない？

この質問に答えるには……

「本質」をつかむ！

▽頭の中の「事実」「数字」「ツール」を活用する

▽「なぜ？」「ほんとう？」「それから？」で思考を深める

▽仮説を持って、事実の検証を重ねる

→答えは、「STEP3」174ページへ

思考力を高める質問にチャレンジ！④

Q

調剤薬局を
繁盛させたい。
あなたならどうする？

※ちなみに、薬の種類や値段は
他の調剤薬局と
変えられない。

この質問に答えるには……

「ひらめき」を生み出す！

▽普段から頭の中の「引き出し」（知識・情報）を充実させる

▽新聞などを読んで情報をリフレッシュさせる

▽頭の中の「引き出し」同士を組み合わせる

→答えは、「STEP4」204ページへ

4つの質問はいかがでしたか？
ちょっとむずかしかったかもしれませんね。

まったく答えが思い浮かばなくても大丈夫。
本書のステップを踏んでいくうちに、
「なるほど、そういうことか！」と思っていただける
はずです。

そして、本書を読み終えたときには、
きっとあなたの「思考力」は向上しているでしょう。

本文デザイン／高橋明香（おかっぱ製作所）

STEP1

現象

「現象」を正確にとらえる！

「引き出し」の量と質を高めよう

STEP2

仮説検証

「仮説検証」する！

「引き出し」を整理・整頓しよう

STEP3

本質

「本質」をつかむ！
「引き出し」を使って分析しよう

STEP4

ひらめき

「ひらめき」を生み出す！

「引き出し」を関連づけよう

PROLOGUE

思考力が「成功のスパイラル」を生む

単なる「知識のデパート」になっていないか？

今、「論理的思考法」「思考術」をテーマにした本が売れているようです。

通勤電車の中や、家に帰ってからのオフの時間に、これらの本を読んでスキルアップしようと勉強している人たちの姿が思い浮かびます。

きっと多くの人が、このように思っているでしょう。


「仕事に必要な鋭い視点を身につけたい！」

「頭の回転が速い、できる人になりたい！」

「論理的に考えて判断できるようになりたい！」


でも、私には心配していることがひとつあります。

そのような本の中には、**「知識のデパート」にすぎない**ものが少なくありません。たしかに、論理思考のフレームワークや、マーケティングのツールを知るのは、ビジネスパーソンにとって必要なことです（あとで触れるように時間の節約にもなります）。

でも、あなたの大切な時間を削っていくら勉強しても、ただ知識を増やすだけでは、ほとんどビジネスの役に立ちません。

ところが、フレームワークやツールの勉強をするだけで満足している人が、少なくないように思えるのです。

ビジネスの現場で求められる「実践」

私は経営コンサルタントを仕事としているので、企業のコンサルティングをするために、基本的な知識を持っているのは当たり前のこと。いわば「必要条件」です。

企業は、本を読めばわかるような経営理論や、業界の裏話などを知りたくてコンサルティングを依頼しているのではありません。

企業が求めているのは、「会社のどこに問題があって、その問題はどうやったら解決できるのか」という具体的な実践方法です。

私たちビジネスパーソンが最終的に求められているのは、具体的な「実践」なのです。**知識やフレームワークは、あくまでも実践のための「手段」にすぎません。**

「良い仕事」につながる「レベルの高い思考力」

突然ですが、私は仕事大好き人間です。

今、この本を読んでいる、あなたはどうでしょうか？

どうせ仕事をするのであれば、「良い仕事」ができて、楽しいほうがいいに決まっていますよね。

良い仕事とは、「実践や行動が認められて評価される仕事」だと、私は思います。理論やテクニックなどの勉強は必要ですが、それだけで満足してしまい、実践する方法を見つけられなければ良い仕事には結びつきません。

正しく言えば、**「良い仕事」という最終ゴールにたどり着くためには、「レベルの高い思考力」を身につけることが不可欠**なのです。

私は、頭の中には知識や情報などが入った「引き出し」があると思っています。

「レベルの高い思考力」のスパイラル

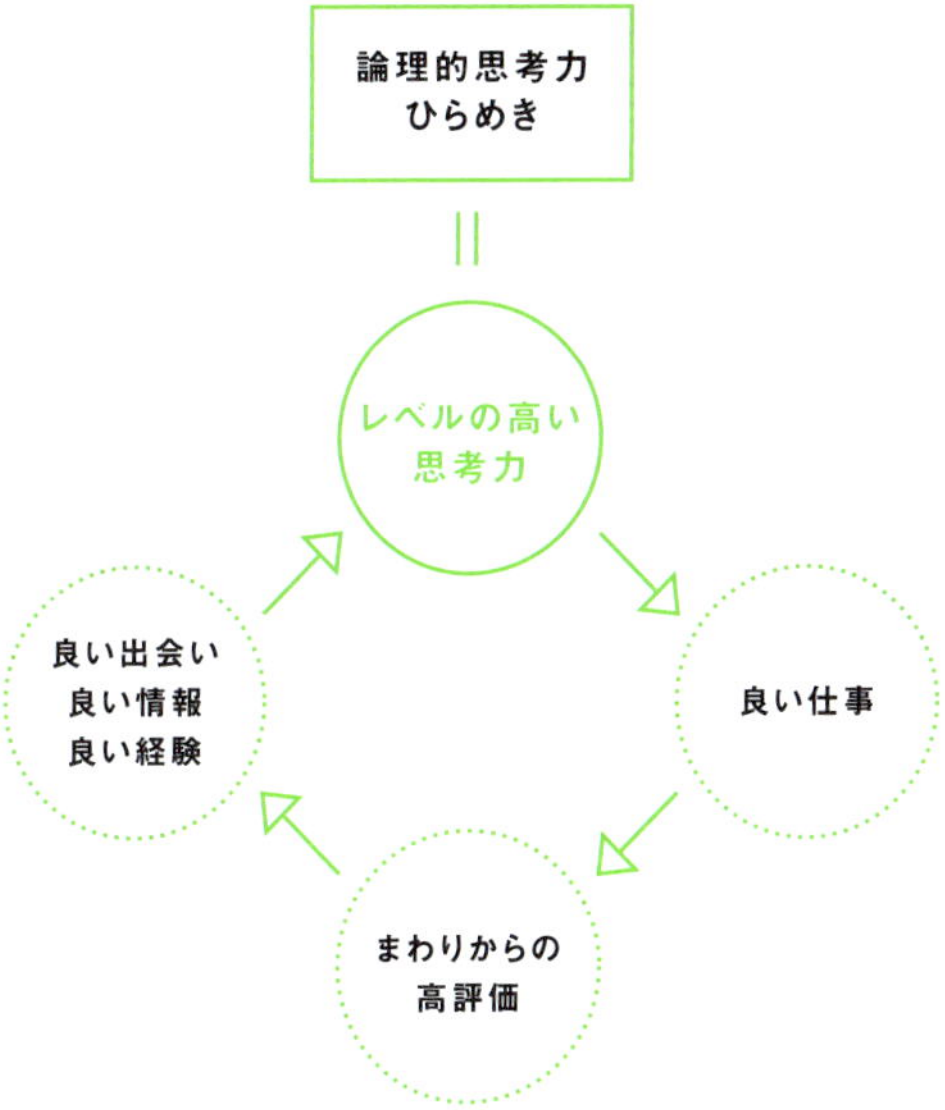

POINT

「レベルの高い思考力」が
人生や仕事を豊かにしてくれる

「良い仕事」という結果を出す「レベルの高い思考力」とは、私たちの頭の中にある引き出しの中身の量と質を充実させ、整理・整頓することによって「論理的思考力」を高め、物事の本質をとらえること。そして、それが「ひらめき」につながり、最終的には仕事や人生に活かされることだと考えています。

最高のスパイラルを生み出す思考力

本書で紹介する思考力を「実践」すれば、

「あなたの身のまわりの現象を正確にとらえられる」
「物事の本質や問題の理由がわかる」
「発想力が高まる」

など、良い仕事を生み出すために必要な力が必ず身につくはずです。

良い仕事ができるようになれば、お客さまや会社の同僚、そして社会から認められます。そして、あなたの評価が高まると、今までよりも多くの人と出会え、入ってくる情報が増え、その質も高まっていくでしょう。

また、良い仕事をすれば良質な経験も増えるはずですから、さらに良質な新しい思考が生まれます。

「レベルの高い思考力」を身につけると、最高のスパイラルを生み出すことができるのです。

本書が読者の皆さんの思考力を高めるのと同時に、実践への引き金となることを願ってやみません。

STEP

0

思考スイッチ

1

現象

2

仮説検証

3

本質

4

ひらめき

思考力が高まる4つのスイッチ

頭の中の「引き出し」を意識しよう

ステップ0では、「ビジネス思考力」を実践するための基本的な流れを説明します。頭の準備体操をするつもりで読んでください。

少し駆け足に感じるかもしれませんが、あくまでもステップ0は、導入にすぎません。完璧に理解できなくても大丈夫。

「現象を正確にとらえる！」→「仮説検証する！」→「本質をつかむ！」→「ひらめきを生み出す！」という4つのステップの流れを整理したあとで、ステップ1からの本論を読むと、内容がスッキリと頭の中に入ってくるはずです。

STEP0

思考スイッチ

1 思考力とは「論理的思考力」と「ひらめき」

できる人はなぜ「論理的思考力」が高いのか？

この本には、『本質をつかむ思考力』という格好いいタイトルがついていますが、実際、私の思考力がどれくらいのものかは自分でもよくわかっていません。

ただ、「小宮さんって、少し変わった発想をするね」とか、「どうしてそんなことを思いつくの？」「なぜ、そこまで考えられるの？」と言われることがよくあります。読者の方から、「面白い着眼点ですね」という感想をいただくこともあります。

また、私の講演や研修を聞いた方は、「小宮さんはむずかしいことをわかりやすく説明する」とよくおっしゃいます。私は年に200カ所程度の講演や研修で話をしますが、多くの方からそう言っていただけるのをうれしく思っています。

私の話がわかりやすいのは、私自身ができるだけわかりやすく説明しようと努力していることもありますが、私の「思考力」がおおいに関係しているのかもしれません。

経営コンサルタントという仕事柄、多くの成功した経営者や著名人にお会いしますが、説明が上手な人は、ほぼ間違いなく「論理的思考力」の高い人だという印象を持っています。

「論理的思考力」とは、物事を深く考える力です。

私は、**思考力を高めるということは、「論理的思考力」と「ひらめき」を得ることだ**と考えています。

「ひらめき」という言葉は、論理的思考力とは縁がなさそうに感じるかもしれませんが、私はおおいに関係していると思っています。

実は「ひらめき」というのは、あるインプットがあったときに、それと関連する頭の中の「引き出し」がサッと開くことだと、私は考えています。

普段、思いつかないような「引き出し」がある瞬間に開き、すごい中身が出てきた状態が、「すごいひらめき」です。

論理的思考力とは、「ひらめき」にもつながる「引き出し」の中身の充実や整理・整頓なのです。

この頭の中の「引き出し」が、論理的思考力とひらめきを説明していくうえでキーポイントとなります。

頭の中の「引き出し」を使って考える

私の頭の中の状態は、「引き出し」がたくさんあるイメージです。その中には、情報だけでなく、フレームワークなどのツールも入っています。この頭の中にある「引き出し」が、思考力に大きく影響しているのです。

「引き出し」には、次の４つの段階があると考えるといいでしょう。

①「引き出し」の数や中身の量・質を高める

②「引き出し」を整理・整頓する

頭の中には「引き出し」がある

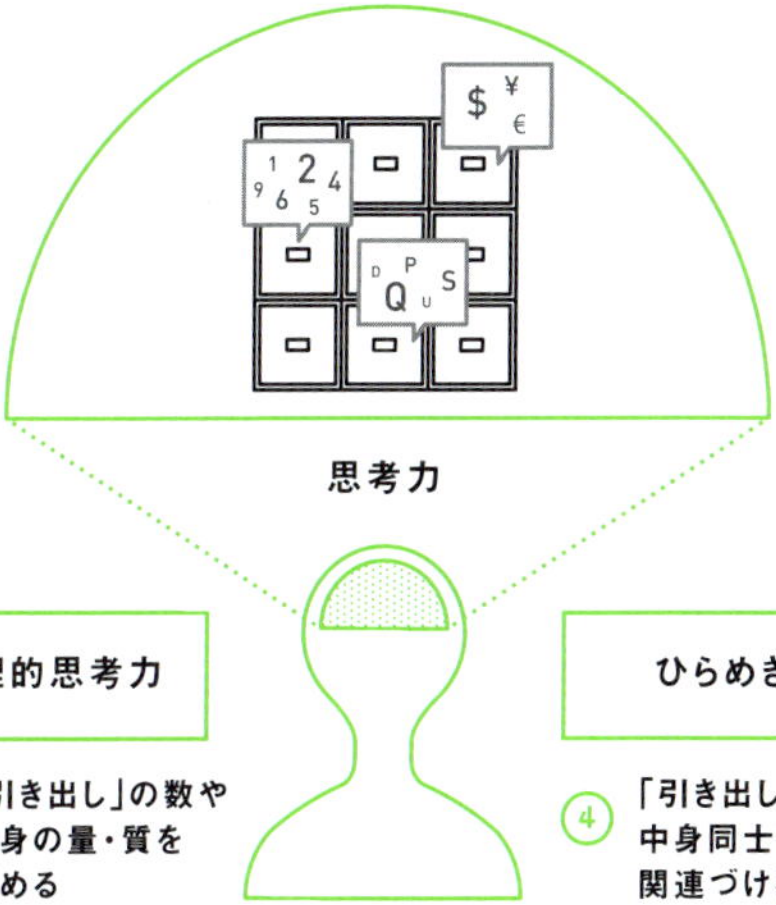

思考力

論理的思考力

① 「引き出し」の数や中身の量・質を高める

② 「引き出し」を整理・整頓する

③ 「引き出し」を使って分析する

ひらめき

④ 「引き出し」の中身同士を関連づける

POINT

**「思考力を高める」とは、
論理的思考力とひらめきを得ること**

③「引き出し」を使って分析する

④「引き出し」の中身同士を関連づける

もう少し詳しく言うと、身のまわりの「現象」を正確にとらえたうえで頭の中の「引き出し」に入れる。その「引き出し」の中身を整理・整頓して、それを使って分析しながら「本質」を考える。つまり、①〜③が「論理的思考力」。

そして、複数の異なる「引き出し」を関連づけること、すなわち、④が「ひらめき」です。

この**「論理的思考力」と「ひらめき」を合わせたものが「思考力」**だと、私は考えています。

本書では、この流れに沿って説明していきますので、読み進めていくうちに頭の中の「引き出し」が増え、「引き出し」を使って論理的に考える力が身についてくるはずです。

その中で、経済や経営などビジネスで使える、できるだけ具体的な事例を取り上げましたので、皆さんもいろいろと考えながら、思考力を高めていただければと思います。

それでは、どうすれば実践的な思考力を身につけることができるでしょうか？

ステップ0では、ステップ1に当たる「現象を正確にとらえる！」ことから順番に、私の思考法を紹介していきます。

まだステップ0ですから、あまりむずかしく考えず、感覚をつかんでいただければ十分です。

STEP0

思考スイッチ

2 コンビニではお茶ばかりがたくさん売れている？

まずは「現象」を正確にキャッチする

思考を深めていくためには、まず、あなたのまわりにある現象を正確にとらえることが必要です。

「〝現象〟を〝正確に〟とらえる」とは、どういうことでしょうか。

あなたのまわりには、新聞やテレビ、雑誌、誰かから聞いた話など、たくさんの情報があふれています。仕事をしたり、どこかに出かけたりして、直接何かを見たり、聞いたりして得てきた経験や体験もあるでしょう。

でも、それらを漠然と認識しているだけでは思考力は向上しません。

思考力を鍛えるためには、まず、**身のまわりの「情報＝現象」を正確にキャッ**

チしなければならないのです。

「プロローグ」で「良い仕事」についてお話ししました。そのとき、皆さんの中に「良い仕事とは、具体的に何だろう？」と考えた方がいらっしゃったら、その方は、論理的思考力を持っていると言えます。

「良い仕事」と聞いて、ただ漠然と「ふーん、そう」と思っていたらいけません。私は「実践や行動が認められて評価される仕事」と〝具体的に〟定義しましたよね。覚えていますか？（24ページ）

現象を正確にとらえる第一歩は、**「具体化」**です。

「具体化」とは、物事を具体的に、そして正確にとらえることです。

「良い」「悪い」といった漠然とした言葉を聞いたときに、「何が具体的に良いのか？」「何が具体的に悪いのか？」と考えるクセをつけることが大事です。

印象や思い込みで「現象」をとらえていないか？

早速、ここでひとつ例を出してお話ししましょう。

「小宮さん、なぜコンビニではお茶ばかりがたくさん売れるのでしょうか？」

以前、こんな質問を受けました。

とくに夏場は、テレビのコマーシャルなどで、さまざまなペットボトルのお茶の新商品が紹介されます。コンビニに行くと、「あっ、テレビで見た新しいお茶だ！」と思いますよね。

たしかに、お茶のペットボトルが、オフィスの机の上に置いてあったり、外回りの営業マンのカバンの中に入っている、という光景も普通に目にします。

実際にお昼時にコンビニのレジに並ぶと、お弁当やおにぎりと一緒に、お茶のペットボトルを買う人がたくさんいますよね。私もよくお茶を買います。

さあ、皆さんなら、「なぜコンビニではお茶ばかりがたくさん売れるのでしょうか？」という質問にどう答えますか？　少し考えてみてください。

私なら、**「この質問にはすぐには答えられない」**と答えます。

質問の「お茶〝ばかり〟が〝たくさん〟売れる」という表現はあまりにあいまいで、印象や思い込みが多く含まれています。

失礼を承知で申し上げると、質問者の思考のレベルが低いのです。具体性が足りず、論理的思考ができていません。

私は逆に、質問をした人に対して、次のような質問をしました。


「あなたは実際に、コンビニへ行きましたか？」

「飲み物が何アイテムあり、そのうち何アイテムがお茶か数えてきましたか？」

「データを調べてみましたか？」


私はコンビニによく行きますから、コンビニにお茶ばかり置いているわけではないことを経験的に知っています。

炭酸飲料もありますし、野菜果実系の飲料だって何種類もあります。水も何種類かあります。それらも売れているから置いてあるのでしょう。

だから、**先ほどの質問は思い込みや感想にすぎないのです。具体的ではない。**

つまり、この質問をした人は、「現象を正確にとらえていない」ということです。このままの状態では、残念ながら「論理的思考力」も「ひらめき」も生まれません。

論理的思考ができない人は「具体性」に欠ける

具体性に欠ける（＝論理的思考力の低い）人は、「日本茶のコマーシャルが多いな」「新製品が次々と出ているな」という印象や感覚だけで、「コンビニにはお茶ばかりたくさん並んでいる」→「だから、たくさん売れている」と考えてしまいます。

このように思うのは、決して悪いことではありません。「関心」を持つことは大事です。のちほどステップ1で説明しますが、関心は現象をとらえようとする入口となります。

でも、私だったら、次のようなことまで調べたくなります。

「飲料の中で、どの商品がどれくらい売れているか」
「お茶の中でも、どのメーカーがどんなお茶を売っているのか」

「印象」ではなく、正確な「事実」を集めないと、先の質問には答えられないか

らです。

世の中には現象（＝Ｗｈａｔ）があふれています。

その現象を正確にとらえないかぎり、もちろん、その先にある正しい本質（＝Ｗｈｙ）にたどり着くことはできません。

正確な事実は現場で見つかる場合もあれば、統計データの中で見つかる場合もあるでしょう。

重要なのは、**ある現象を見たときに、関心を持ってより深いことを考えようとする思考をスタートさせるかどうか**。そして、**それを調べたり、分析したりして「検証」しようと思うかどうか**です。

ステップ2で詳しく説明しますが、検証する作業では、頭の中の「引き出し」を整理・整頓します。

まずは、漠然と思ったり考えたりしたことや、あいまいなことを聞いたときに、「もっと具体的でないといけない」と感じることが重要です。

そのとき、頭の中の「引き出し」が常に整理・整頓されていれば、ゴチャゴチャしたもの（具体性のないもの）が入ってきたときに、「これはダメ」というスクリーニング（ふるい分け）が働きやすくなります。

ですから、現象を「具体的に」「正確に」とらえる習慣を身につけることが重要です。これが、思考力アップの第一歩となります。

すべては「仮説」と考える

コンビニのお茶の例で言えば、次のように考える必要があります。

・飲料の売り場が店舗のどれくらいのスペースを占めているか
・その中で飲み物が何アイテムあるのか
・飲み物が100入っているとして、その100のうち、実際にはいくつお茶が入っているのか
・そのお茶が実際どれくらい売れているのか

「お茶ばかり、たくさん売れていますね」という話を聞いて、すぐに別の誰かに「お茶が売れていますよ」「お茶をたくさん置いたら売れますよ」と言うのは、占

い師のやることです。論理的思考力を持ったビジネスパーソンの言うことではありません。

言い方を換えると、先ほどの「小宮さん、なぜコンビニではお茶ばかりがたくさん売れるのでしょうか?」という質問は、あくまでもまだ印象にもとづいた「仮説」にすぎないのです。

失礼ですが、それもかなりレベルの低い仮説です。

ですから、この質問には、すぐに答えてはいけないのです。**この質問が仮説だということ、それもかなり漠然としたレベルの仮説だということに気づくことが大切**なのです。

漠然とした「感想」を、あたかも「事実」のように考えたり、感じたりしてはいけません（これには訓練や慣れが必要です。ステップ2の「引き出し」の整理・整頓のやり方がわかれば、スクリーニングできるようになります）。

こうした場合には、質問が漠然とした印象にすぎないと判断したうえで、「これだけの情報では、答えは出せません」と言わなければならないのです。

すぐに答えを出すことは、必ずしも重要ではないのです。

おそらく多くの人は、「なぜコンビニではお茶ばかりがたくさん売れているのか？」と聞かれたら、質問の具体性を吟味せずに、

「健康志向で、日本茶のブームがまだまだ続いているからかな？」

「利益率が高く、メーカーが力を入れているんだろうな」

などと、一生懸命、何かの理由を考えはじめると思います。

しかし、それは正しい思考パターンとは言えません。

いきなり「理由」を考えてはいけないのです。まず目の前にある現象が正確な事実かどうかを見極めてください。

「現象」を正確な「事実」としてとらえる

感覚や印象にすぎない情報には敏感になってください。「これは感覚でしかない」ということがわかるかどうかがすごく大事なのです。

「お茶がたくさん売れていますよ」と聞いたときに「じゃあ、〝たくさん〟ってどれくらい？」と疑問を持つこと。

漠然とした話に、「これでは具体的とは言えない」と考えて、**「仮説検証」**を行

い、より正確な事実をとらえようとすることは、ビジネスパーソンにとって必須の習慣です。検証してみて、事実だということがわかってはじめて、「理由」や「本質」を考えるべきなのです。

まずはキャッチした現象を感覚のままで置いておかずに、仮説ととらえて検証し、それを正確で質の高い事実として「引き出し」に整理・整頓して入れること。これは、ステップ2で習得することです。

少し駆け足で説明しましたが、ちょっとむずかしいと思いましたか？

でも、まだステップ0なので心配はいりません。この段階では、正確な事実をとらえる力がなくても、もちろん大丈夫です。

「本質」を見つけ出す

現象を正確にとらえて、仮説検証をしたら、ステップ3では、その現象や問題の理由や根本原因、つまり「本質」を見つけ出します。

先ほどのお茶の例で、飲料の売上に占める正確なお茶のシェアや、季節ごとでの売上などのデータを得られたとします。

そうしたら、「では、なぜそのような戦略をとる必要があるか？」と思考を展開していき、本質（Ｗｈｙ）を見つけるのです。


「健康ブームだから？（お茶はノンカロリー）」

「お茶のほとんどが国内産の原料で安全だから？（ウーロン茶は別）」


いろいろな仮説が考えられますね。

仮説検証を繰り返すと、思考の正確さが増していきます。すると、メーカーの戦略や過去と現在の状況、そして将来への展望などといった本質が見えてくるというわけです（もちろん、これもまだ仮説です）。

本質をとらえるためには、仮説検証を繰り返して、どんどん思考を深めていくことが必要なのです。

なお、チームで議論をしながら仮説検証するときには、次の３つがキーワードになります。

「なぜ？」

「ほんとう？」

「それから？」


データを得て仮説検証するとともに、議論の中でこれらの言葉を繰り返し使うことで、問題の本質が深まっていきます。

STEP0

思考スイッチ

3 「火力発電所がフル稼働」というニュースから何をひらめくか？

「ひらめき」を得るのが最終目的

「本質」までたどり着くのも、なかなか簡単なことではありません。しかし、本書をお読みいただき、訓練や実践を積めば、正確な現象（What）をつかみ、そこから本質（Why）にたどり着くという「論理的思考力」を得ることは、多くの人が可能だと、私は思っています。

そうした思考のトレーニングを積んでいけば、「引き出し」が増え、その中身の量と質が高まっていきます。そして、量・質ともに充実した「引き出し」の数がどんどん増えていけば、次のステップとして「ひらめき」を得ることができるようになるでしょう。

最終段階であるステップ4で説明するのが、この「ひらめき」です。

「ひらめき」というのは、**ある「事実」が、「A」という「引き出し」にインプットされたときに、「X」という別の「引き出し」が開いて、その中身と関連づけられる**こと。

たとえば、「取引先が電話に出るのが遅くなったな」と感じたら、「人を減らしているのでは？」「業績が良くないのかもしれない」と連想する。「資源価格の下落」というニュースを聞いたら、「日本の貿易収支の改善」や「インフレからデフレへ」といったことを連想していきます。それが「ひらめき」の第一歩です。

「引き出し」が充実すると「ひらめき」が増える

ペットボトルのお茶のケースは、具体化の事例でしたが、次に関連づけや「ひらめき」の事例をお話ししましょう。

2011年の秋、新聞を読んでいたら、「2011年の冬場も電力不足で火力発電所をフル稼働」という記事が載っていました。

この記事を読んで、皆さんなら何を関連づけますか？

何がひらめきましたか？

東日本大震災に関連した福島第一原子力発電所の事故で、原発が各地で稼働を止め、そのために電力が足りなくなり、火力発電所をフル稼働させているということでしょうか。それだけなら、失礼なものの言い方ですが、「普通」の思考です。これに関連して、**「日本のエネルギーの輸入量が増える」**と考えた人は関連づけのできる人です。

火力発電の燃料である石油、石炭、ＬＮＧ（液化天然ガス）は、日本ではほぼ輸入に頼っています。

とくに２０１１年の夏場には、電力不足を補うためにＬＮＧの輸入が急増しました。火力発電所の多くは、ＬＮＧで発電しているからです。

ここから**「日本の貿易収支が悪化する」**と考えられた人は、さらに点数アップです。実際、電力不足を補うためのＬＮＧの輸入増のため、２０１１年８月には貿易収支（＝輸出－輸入）が大幅な赤字になりました。

「引き出し」同士が関連づけられてひらめく

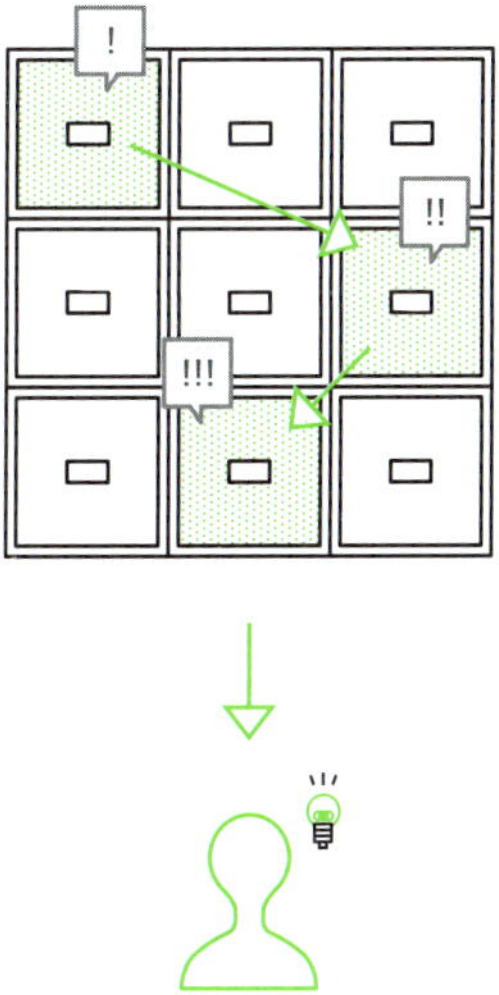

POINT

「ひらめき」とは、ある「引き出し」に情報がインプットされたときに、別の「引き出し」が開くことここまででも関連づけは合格なのですが、さらに、このことで**「日本のGDP（国内総生産）がマイナスに働く」**と考えた人は鋭い。GDPを支える要因としては、民需（消費、投資）、政府最終支出のほかに、「純輸出（＝輸出－輸入）」があります。純輸出、つまり貿易収支が悪化すると、GDPが下がります。

GDP（名目GDP）は給与の源泉ですから、さらに**「給与減により、消費支出が下がる」**と考えられれば、かなり鋭いと言えるでしょう。

つまり、「火力発電所の稼働率アップ」から、

「エネルギー輸入増」

←「貿易収支悪化」

←「GDP減」

←「消費支出減」

ある「現象」から何をひらめくか？

「電力不足で火力発電所をフル稼働」という新聞記事

↓

日本のエネルギーの輸入が増える

↓

日本の貿易収支が悪化する

↓

日本のGDPがマイナスに働く

↓

給与減により、消費支出が下がる

POINT

「引き出し」の数や中身が充実していれば、「ひらめき」が生まれやすい

というように関連づけをしていくわけです。

もちろん、関連づけるためには、経済の基礎的な知識や理論が頭の中の「引き出し」に入っていることが必要ですね。

このときに、頭の中に「引き出し」そのものや、その中身がないと、「ひらめき」が出てきません。だから、「引き出し」と「ひらめき」は、おおいに関係があるのです。

ひらめくためには、**まずは「引き出し」の数を増やすことが大事です。**それも、関連性の低いことも含めた「引き出し」の数を増やすとともに、その中身の量と質を充実させることが必要なのです。

「引き出し」の中身が充実していれば、「引き出し」のほうから自然に開いてくれるようになります。

「引き出し」の質を高める

皆さんもおそらく、自分の頭の中の「引き出し」を充実させたいと思っていると思います。

大切なのは、**「引き出し」の精度、精緻《せいち》さ**です。

本書のステップ1からステップ4までを読んで、少しトレーニングをすれば、皆さんも身近な出来事や事実をもとに論理的思考を重ね、質の高い思考の「引き出し」を増やすことができるでしょう。

そして、物事の本質を見つけ出し、最終的には「ひらめき」を得られるようになるはずです。

この本では、できるだけたくさんの事例を盛り込んでいるので、まずは、私の思考の流れに沿って考えてみていただくといいと思います。ところどころで皆さんに質問をしますが、そのときは、少し立ち止まって考えてください。

そうすることで、思考力がぐんとアップして、あなたがどんな立場のビジネスパーソンであろうと、現場で使える実践的な思考力が身につくでしょう。

ここまで読まれただけでも、論理的思考力が少しアップしたはずです。

さあ、準備はいいですか？

実践的な思考力を身につけるトレーニングを本格的にスタートしましょう。

STEP

0
思考スイッチ

1
現象

2
仮説検証

3
本質

4
ひらめき

「現象」を正確にとらえる！

「引き出し」の量と質を高めよう

思考力とは、「論理的思考力」を高め、「ひらめき」を得ること。そのためには、頭の中の「引き出し」の数を増やすことと、その中身を充実させることが必要です。

「引き出し」の数が多ければ多いほど、そして、その量と質が高ければ高いほど、論理的思考力が深まり、「ひらめき」が生まれやすくなります。

最初のステップは「現象を正確にとらえる」こと。「関心」と「具体化」がステップ1のキーワードとなります。

STEP1

現象

1 コンビニでできる正確にモノを見るトレーニング

「成功のヒント」を発見しよう

皆さんは、コンビニへ行ったら何を見ていますか？

もちろん、「欲しいものを買いに行っているのだから、その商品を見ているだけで十分」と考える人が多いでしょう。

でも、せっかくコンビニへ行くのなら、「仮説」を持って行ったほうが面白いと思います。

私は、コンビニに行って、いくつかのポイントを見れば、繁盛しているコンビニかどうかを言い当てることができます。

まず見るのは、「値札がかかっているのに空いている棚がどれくらいあるか」ということ。つまり、売り切れです。それは、「売り逃し」につながります。

現在のコンビニには、POSデータのシステムが完備されているので、どの店も売上は把握しています。しかし、売り逃しはデータに出てこないので把握していないことがほとんどです。

実は、売上を上げるためには、売り逃しをいかに減らすかが重要なのです。売り切れになるのは売れ筋商品であるケースが多いため、「売り逃しが減れば、売上は当然上がる」というわけです。

当然、売り逃しが多い(=空いている棚が多い)店は、「売上が伸びていないだろうな」と考えられます。


次に見るのは、コンビニの店舗の美しさ。

入口付近にたばこの灰皿が置いてある店も少なくありませんが、その清掃具合を見れば、だいたい店の清潔さがわかります。

清潔さは、いちばん後回しにされがちなポイントですから、そこまで目が行き届くかどうかで差がつくのです。

棚の陳列の仕方なども大切なポイントです。乱雑な店はダメ。

さらに、お店の人の対応も見ます。店員さんが茶髪かどうかもチェックポイント。茶髪の派手な人を雇わなければならないかどうかで、店の状況もわかりますし、場合によっては、その地域の雇用情勢もある程度わかります。

もうひとつ見ているのが傘（商品）の置いてある場所です。雨の日ならレジ近く、雨でないときはひっそりと置いてあるのが良い店です。

お客さまが必要なものをすぐ目につくところに置く一方で、すぐに必要ではないときにはそれなりの置き方をする気配りが、売上にも影響するのは当然です。

コンサルタントという仕事柄、コンビニに行ってもいろいろな点を私は見ています。とにかく、**「見るポイント」を持たないと、モノは正確にはとらえられません。**漠然と見ていては何も見えてこないのです。

頭の中の「引き出し」に、正確に現象（Ｗｈａｔ）をインプットすることが、思考力を高める第1ステップです。これを軽視しては、「論理的思考力」も「ひらめき」も得られません。

「コンビニなんてどうでもいいじゃないか」と思っていては、ビジネスパーソンとしては成功しません。

成功のヒントは、どんなところにも転がっています。誰でも知っている、わかりきったところにもさまざまなヒントがあります。ましてや激戦業界であるコンビニにはヒントがいっぱい。

それをまず、正確に見る（＝現象を正確にとらえる）訓練をすることから、「ビジネス思考力」の向上がはじまります。

つまり、「発見力」が重要になるのです。正確にモノを見る「発見力」により、頭の中の「引き出し」の中身の充実度合いが大きく違ってきます。

心配はいりません。発見力は、訓練で誰でも上達します。その際のキーポイントになるのは、**「関心」と「仮説」**です。この2つを持つように訓練するのです。

これについては、あとで詳しく説明しますね。

現象には必ず「理由」がある

どんどん話を進めましょう。次もコンビニについての質問です。今度は先ほどの質問に比べれば初歩的です。

トレーニングですから、まずは、ご自身で考えてくださいね。

・コンビニのいちばん奥で売られている商品は何ですか？
・コンビニのいちばん入口に近いところで売っている商品は何ですか？
・コンビニの天井の照明器具は、どんなものですか？

これは皆さん、わかるのではないでしょうか。

いちばん奥にある商品は、たいていは飲み物です。

入口にいちばん近いところで売っているのは雑誌類です。

照明器具は蛍光灯です。

それでは、その蛍光灯は、どういうふうに設置されていますか？　オフィスや家と同じですか？

思い出してみてください。たくさんの数の蛍光灯が、たいていはむき出しでつけられているはずです。

いかがでしょうか？　すぐに答えられましたか？

これらの質問で、皆さんの観察力を試してみたのですが、狙いはそれだけではありません。それぞれの質問には、「理由」があるのです。

現象を見て、その理由を考える。これも思考力を高める大きなポイントです。

あなたのまわりにあることで、理由のないことなどほとんどありません。

とくにコンビニは競争の激しい業界ですから、わずかなムダも許されません。

そういう業界のお店などで、**現象（What）を正確に観察し、その理由や本質（Why）を考えることが、あなたのビジネスや人生に活かせる思考力を高める**のです。

しかし、見ていないことには、何もはじまりません。それも、正確に。

コンビニの蛍光灯がむき出しなのはなぜ？

先ほどの質問の答えの「理由」を説明しましょう。

まず、いちばん奥に飲み物が置かれているのは、冷蔵ショーケースを置くスペースの問題もありますが、時間帯にかかわりなく、コンスタントに売れる商品が飲み物だからです。

つまり、お客さまに店のいちばん奥まで入ってもらうのが目的です。そうすることで、レジで会計をするまでに他の商品も見せて、「ああ、乾電池も必要だった」「スナック菓子も食べたいな」とお客さまに思ってもらうのです。

入口に雑誌が置いてある理由は、お客さまが入店していることを通行人に見てもらうためです。

お客さまが一人もいない店には入りにくいですよね。とくに夜間はそうです。あまり長時間の立ち読みも困るでしょうが、「他にお客さまがいないときには立ち読みをしてほしい」というのが本音です。

3番目の蛍光灯をむき出しにしているのは、「明るさ」を出すためです。「快晴の日でも外から中が見える明るさ」というのが基準のようです。

これも先ほどの質問の答えと関連していますが、「外から店内の商品やお客さまがよく見える」ということを目的としているのです。

福島第一原発の事故以降は節電のために照明を落としているコンビニもありましたが、通常はたいていのコンビニで、むき出しのままの裸の蛍光灯をかなりた

コンビニの「現象」にも必ず理由がある

いちばん奥に飲み物が置かれているのはなぜ?

↓

理由

・いちばん売れる商品だから
・他の商品の購入を促すため

入口に雑誌が置かれているのはなぜ?

↓

理由

お客さまが入店していることを通行人に見せて、入りやすくするため

たくさんの蛍光灯がむき出しなのはなぜ?

↓

理由

明るさを演出して、外から店内の様子がよく見えるようにするため

POINT

現象を正確にとらえれば、
「理由」や「本質」が見えるようになる

くさんの数、昼間でもつけっぱなしにしています。

現象を正確に見れば見るほど、その理由に結びつきやすくなります。

もちろん、最初から「Ｗｈｙ（本質）」はわからないかもしれません。しかし、少なくとも現象を正確に見ることにより、「なぜそうなんだろう?」と疑問に感じることはできます。

また、現象を正確に見て、それを細かく分解していくことで、その原因がわかることもあります。

そのためにも、**正確にモノを見ようとする習慣が大切です。**正確に見えるようになればなるほど、あなたの頭の中の「引き出し」の量と質はどんどん充実していきます。

「関心」があればモノは見えます。そして、「仮説検証」を繰り返すうちに見えているモノの精度が上がります。

皆さんも不思議なモノを見たら「なぜ」と考えて、その理由を考える癖をつけてください。それが、「仮説」を立てる訓練になるのです。

ここからは、「関心」と「仮説」について詳しく見ていきましょう。

STEP1

現象

2 「ルイ・ヴィトン」と「タグ・ホイヤー」の共通点は何か？

「関心」があれば見えてくる

皆さんは、「ルイ・ヴィトン」「ロエベ」「セリーヌ」「ジバンシイ」「フェンディ」「クリスチャンディオール」「ダナ・キャラン」「マーク・ジェイコブス」「ケンゾー」と言ったら何を連想しますか？

そうですね、世界の有名ファッションブランドですね。

それでは、「モエ・エ・シャンドン」「ドン・ペリニヨン」「ヴーヴ・クリコ」「クリュッグ」は知っていますか？

お酒好きの方はご存じですね。これらは、世界のシャンパンの有名ブランドです。もう少し質問を続けますね。

「タグ・ホイヤー」「ショーメ」「ウブロ」はわかりますか？

こちらは高級時計の有名ブランドです。

それでは、もうひとつ質問しましょう。これらすべてに共通することは何でしょうか？

もちろん、「有名ブランド」ということはあります。それ以外に何があるかわかりますか？

答えは、これらの有名ブランドは、**実はひとつの企業グループの傘下にある**のです。ＬＶＭＨ（モエ ヘネシー・ルイ ヴィトン）という企業が、これらすべてのブランドを保有しているのです。

ＬＶＭＨは、有名ブランドを次々と買収し、その傘下に収め、巨大なブランド保有企業群となっているのですが、多くの方は、そんなことは気にしていないと思います。

これらのブランドの商品を使っている人たちから見れば、そのブランドをどの企業が持っていようが、そんなことはどうでもいいことです。言い換えれば、「関心」がなければ、一生気づかないかもしれません。

私がなぜ、このようなことを知っているのかと言えば、もともと銀行員をしていたときにM&Aの仕事に携わっていたからです。「企業が他の企業を買収する」といった案件でアドバイスをするのが業務だったのです。

さらには、今の仕事も経営コンサルタントですから、業務提携や買収といったことにすごく関心があります。ですから、新聞を読んでいても、そういったM&Aに関することには興味があり、自然と頭の中に入ってきます。

言い方を換えると、**「関心」があればモノが見えます。関心のないことは見えないのです。**

関心を持つということが、皆さんの頭の中の「引き出し」をつくるのです。関心を持つと、それに関連することが、それぞれの「引き出し」の中に自然と入ってくるようになります。

たとえば、私の頭の中には「M&A」や「ブランド」という引き出しがあり、その中にLVMHなどの情報が入ってくるのです。

「仮説力」でさらに深く考える

このように、関心を持つことで頭の中に「引き出し」ができ、さらにその中に情報が入っていくわけですが、そこから**「仮説」を立てることができれば、さらに「引き出し」が増え、また中身が充実・整理されていきます。**

たとえば、先ほどLVMHの話をしましたが、ここで「なぜ、これだけ多くの、それも一見ライバルと思えるようなブランドを保有しているのか」という疑問が生まれます。普通に考えれば、ひとつの企業内にライバル同士が共存しているのは違和感がありますよね。

そこで仮説が思い浮かびます。

「有名ブランドでは、異なるブランド、それも一見ライバルと思えるようなブランドを多く保有することが、ブランド、とくに有名ブランドビジネスを展開していくうえで有利である」というものです。

しかし、これはあくまでも仮説です。仮説は検証しなければなりません。

関心を持つと「引き出し」が増える

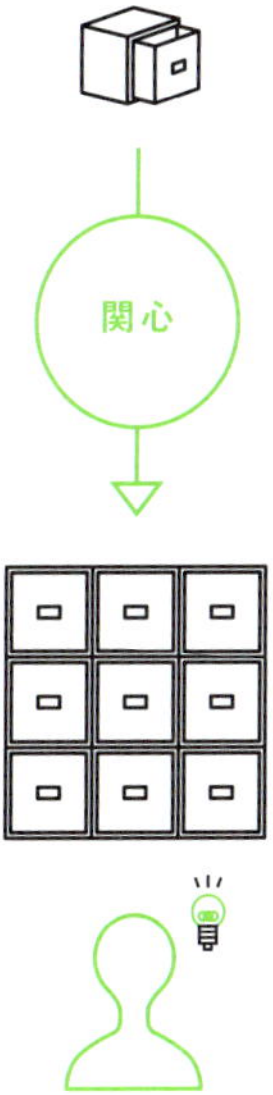

POINT

関心を持つと、「引き出し」の数が増え、
関連する情報が自然と入ってくる

この場合の検証とは、**「LVMHと同様のケースがあり、それが成功しているかどうか」**を確認することです。

私が目をつけたのは、スウォッチグループです。

皆さんはスウォッチをご存じですか。かわいいデザインの時計を、比較的リーズナブルな価格で販売している会社です。

しかし実は、スウォッチはグループ企業で、その傘下に世界三大時計のひとつ「ブレゲ」や高級時計ブランドの「オメガ」「ブランパン」、さらには「ラドー」「ロンジン」「ティソ」などを保有しているのです。

こちらは、時計に特化していますが、有名ブランドを傘下に収めて経営をしている点では同じです。

同様に、「グッチ」などを傘下に持つPPR（ピノー・プランタン・ルドゥート）や「カルティエ」を傘下に抱えるリシュモンなども有名ブランドを複数保有しており、先ほどの仮説は現時点ではおおむね当たっているとも言えます。

このように**「関心」**を持ったことについてさらに思考を深めていき、**「仮説」を立てて検証するという行為を繰り返し行っていくことは、思考力を高める大き**

なポイントとなります。

さらには、「有名ブランドを多く保有することには、店舗展開、技術開発、ファイナンス（財務）などで何かメリットがある」という仮説も成り立ちます。

もちろん、これらも検証しないかぎり仮説にすぎませんが、こうやって関心、仮説を持って物事を見ていくとけっこう面白いことが見えてきます。

皆さんも、次に銀座や表参道の高級ブティックや百貨店でブランド品を目にしたときには、見る視点が少し違っているかもしれませんね。それは、違った「関心」が生まれたからです。

ここまでの思考パターンをまとめると、次のようになります。

①物事を正確に見る
②不思議なことが出てきたら、その理由を知ろうとする
③自分なりに仮説を立てて考える
④検証する

そして、この思考パターンの大前提となるのが、「関心」というわけなのです。

思考には「広がり」と「深さ」がある

ここで、思考には、「深さ」があることを説明しておきましょう。

思考は「第1段階」「第2段階」「第3段階」「第4段階」……という具合に、どんどん深く掘り下げていくことができます。

「知識の広がり」も大事ですが、**「知識の深まり＝物事を深く掘り下げていくこと」が、質の高い思考力を得るためには絶対に必要です。**これは、「引き出しの数を増やすこと」だけではなく、「それぞれの引き出しの量と質を高めること」も必要だというのと同じ意味です。

物事には「広がり」だけでなく「深さ」があり、自分の気づいていないことがたくさんあります。つまり、「物事には、より深いことがある。だから、深く考えなければいけない」という姿勢が必要になります。このことに気がつくと、加速度的に思考力が高まっていきます。

思考には「深さ」もある

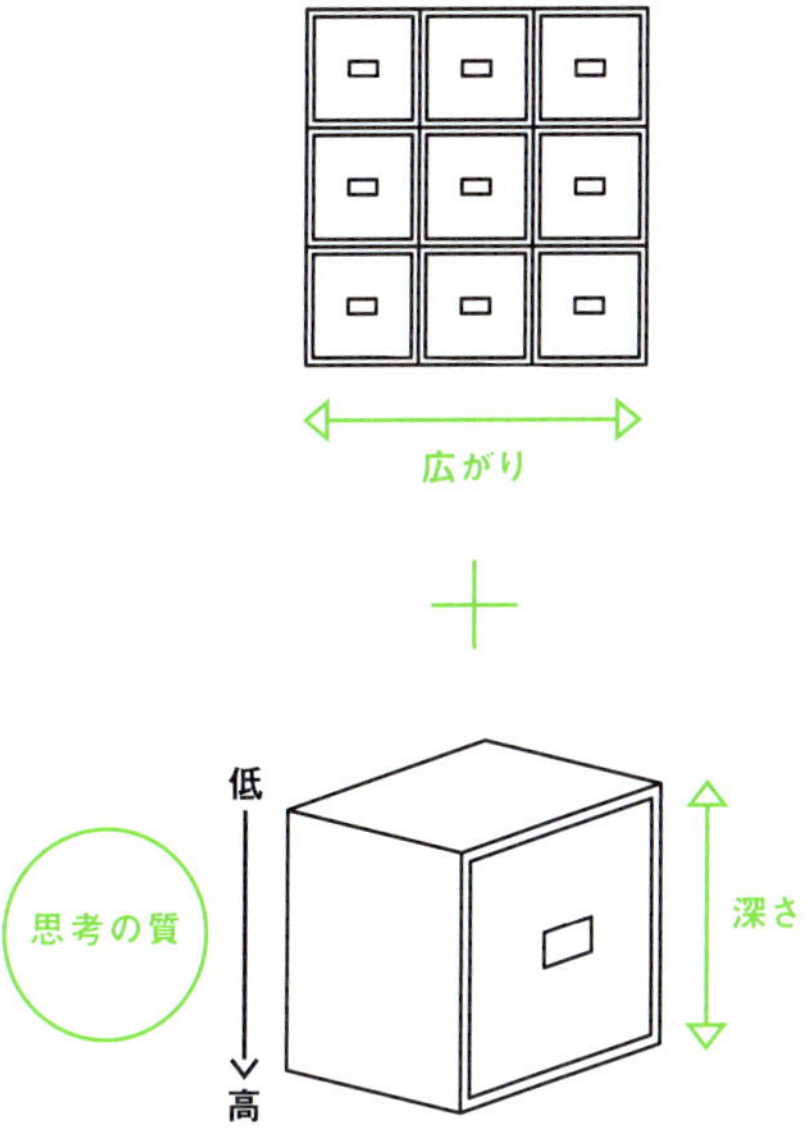

POINT

質の高い思考力を身につけるには、
深く考えることが必要

思考レベルの低い人は、物事に深さがあることを知らないのです。思考レベルの第1段階や第2段階で「わかったつもり」になっているのです（これがいわゆる「バカの壁」というやつです）。

もうおわかりだと思いますが、思考を「停止」させない第一歩は、まず正確に現象（Ｗｈａｔ）を見ることです。

「ＬＶＭＨ（モエ ヘネシー・ルイ ヴィトン）」の例のようなちょっと気づくきっかけ（ヒント）があると、物事が正確に見えるようになります。

ヒントを与えられることは関心を生み出します。あとで説明しますが、あらかじめ知っていることが多ければ多いほど、物事がはっきりと見えやすくなるのです。

STEP1

現象

3 将来、自分は年金をいくらもらえる？

現象を「具体化」すると事実が見える

「関心」について、別の事例を見ながら、もう少し考えていきましょう。

世の中は現象であふれています。新聞やテレビ、インターネットといった情報もあれば、実際に自分で目にしたり耳にしたりするものなどたくさん存在します。

「引き出し」の量と質を充実させるには、その膨大な現象の中から正しくとらえていく必要があります。

とはいえ、まず現象が自分のアンテナに引っかかってこなければどうにもなりません。

現象をとらえるためには、まず「関心」を持つことです。

誰でも自分が関心を持っていることでないと興味がわきませんし、覚えておくこともむずかしいですよね。まずは、物事に対する関心を高めることが肝心なのです。

たとえば今、問題になっている年金を例にとって考えてみましょう。

私の場合、年金問題についてはマクロ経済を仕事上分析していることもあり、もちろん高い関心を持っています。

さらに個人的にも「将来、自分は年金がもらえるのかな？」ということにすごく関心がありますから、年金に関する情報は、自然と目に飛び込んできます。

私は、関心を持ったことについては、さらに深くその内容を調べてみることを習慣としています。

つまり、年金を例にとれば、「将来、年金がもらえないかもしれない」という現象（噂レベルかもしれない仮説）をキャッチしたら、次に**数字や情報で「具体化」して、正確な「事実」としてとらえる**のです。

現象を事実として正確にとらえることは、次のステップ２「『仮説検証』する！」思考へとつながっていきます。

たとえば、日本の年金制度が話題になったときに、まず、現在約1億2500万人いる日本の人口構成の数字を調べます。日本の人口ピラミッドがどうなっているのかを調べるわけですね。

すると、ここ数年に生まれている子どもたちは、毎年110万人以下ということがわかります。それに対して、団塊の世代の人、つまり、これから年金をもらう人たちは年200万人以上いることもわかります。

このように**「引き出し」の数が増え、中身が充実していくと、見えている現象（What）がどんどん具体化（＝正確化）していきます。**

そして、「世代間扶助」という「美名」のもと、自転車操業している現在の年金制度は、現状を維持することはできないのではないかという、私なりの（かなり確率の高いと思われる）仮説が思い浮かびます。

これを踏まえて、最終的に「それでは、ある程度は自分で積み立てないといけない」という結論に達するわけです（だから、私は15年以上前から個人で生命保険会社に年金を積んでいます）。

小林製薬の「関心」を高める仕組み

少し横道にそれますが、「関心」を高める仕組みを実践している企業について、ひとつエピソードをお話ししましょう。

医薬品やスキンケア製品などの分野で数々のヒット商品を生み出している「小林製薬」という会社があります。皆さんご存じですよね。

この会社は、社員一人ひとりが、月に最低ひとつは新商品のアイデアを出すことになっています。

さらに、商品だけではなくて、社内の改善のためのアイデア（たとえば会議の改善など）も、部署や肩書きなどに関係なく、とにかく社員全員がアイデアを出す会社なのです。

数千人の社員がいますから、年間では何万件というアイデアが出て、その中から商品が生まれたり、社内の改革が行われたりしています。

なぜ、それができるかというと、**アイデアが出る仕組みをつくっているから**なのです。

似たような提案制度を持つ会社は少なくありませんが、小林製薬の仕組みは、一般的な提案制度とはひと味違います。

小林製薬の場合、そのプロセスが完全に確立されているのです。商品化されるまでの過程や、提案者の提案がどの段階で落ちたかということも、すべて社内でオープンになっています。

たとえば、業務改善のアイデアが出たら、まず提案者の上司がそれに対してコメントして、イントラネットを使って該当する部署に送る。受け取った担当部署のマネジャーは、またそれに対してコメントを返す。そのプロセスや内容が全部イントラネット上に載るのです。

そうすると手を抜いた提案はできません。小林製薬では、そういう仕組みのつくり方の徹底がすごく上手だと思います。

雰囲気づくりも大切。あるとき、新商品のアイデアで「へそのごま取り器」というものが提案されたそうです。普通だったらそんなの一笑に付されるのがオチです。

ところが、そのアイデアを出したのが社長自身だったらしいのです。「こんなことでもいいんだよ」と、トップが率先垂範しながら社内のムードを変えているのですね。

何を言っても笑われないという社風。これは経営者が先頭に立って、徹底的にやらないとできないことです。なおかつ、それを「見える化」する仕組みがある。これこそが、アイデアが出るいちばんのポイントでしょう。

小林製薬には、「信賞必誉《しんしょうひっよ》」という言葉があります。「信賞必罰」の「罰」を「誉」という字に換えた造語で、「何をやっても褒めましょう」という風土づくりをあらわしています。

良いアイデアを出した人には、社長から「ホメホメメール」というメールが届くそうです。受けとった社員はうれしいですよね。

小林製薬は、関心を高める仕組みづくりや、アウトプットをしやすい社風の徹底ができています。その結果、社員それぞれの頭の中にある「引き出し」の数が増え、量や質も充実しているわけです。

「関心」を持つための6つのヒント

物事に関心を持つと、自然とさまざまな現象が自分のアンテナに引っかかってきます。

それでは、どうすれば関心を持てるようになるでしょうか？

いくつかヒントをお教えしましょう。

①責任を持つ

私たちは仕事上、関心を持たざるを得ないことがありますよね。

責任を与えられると、関心が高まります。逆に言えば、責任感の強い人はそれだけ関心も高くなります。社内の小さなことにも気づくのは、意外と社長であることが少なくありません。

②好きなことをつくる

道を歩いているときに、道端や知らない家の庭先に咲く花に関心を持つことがあります。それは、花が好きだからです。好きなことには関心が高まり、自分のアンテナに引っかかります。

③目標をかかげる

仕事に関連した資格をとるために勉強したり、業務に関するレポートをまとめたりすることを通して、さまざまな数字や情報を得ることができます。目標が意欲を高めます。まずは小さな目標を立ててみてください。

④アウトプットする

近頃はブログを書く人が増えたせいか、レストランに行って食事をする前に、料理をカメラで写している人がいますね。「ブログ」というアウトプットが、関心をより高めているのです。小林製薬の例も同じですね。

⑤仲間や本からヒントを得る

良い上司や仲間からヒントを与えられると、関心が高まることがあります。た

関心を持つための6つのヒント

1. 責任を持つ
2. 好きなことをつくる
3. 目標をかかげる
4. アウトプットする
5. 仲間や本からヒントを得る
6. 先にかじっておく

POINT

関心を高める「仕組み」をつくれると、
引き出しの数や中身が充実する

とえば、経済や為替に少し興味を持っているときに、それらの話ができる友人がいると、「もっと知りたい」という気持ちになります。「きっかけ」が大切です。

しかし、そんな良い上司や仲間が近くにいるとはかぎりません。そういうときは、自分で少し興味のあることを勉強してみるのもひとつの手です。できれば自分の仕事に関係する本などを読むといいでしょう。

そうすれば、今まで見えていなかったことや本質が見え、知っていることが増えます。知っていることについては、より物事が見えやすくなり、さらに関心のアンテナが高くなります。「あらかじめ知っていること」⟷「関心」という相乗効果が生まれるのです。

だから、専門家は自分の専門分野をより深めやすいといえます。

⑥先にかじっておく

先に少しだけ知っていたとか、ちょっとだけ勉強していたということが、「関心力」を格段に高め、頭の中の「引き出し」やその中身を増やします。

何でも「かじっておく」ことが大切かもしれませんね。

STEP1

現象

4 『日本経済新聞』を20分間で読むコツ

質の高い「引き出し」をつくるには？

ここからは、頭の中の「引き出し」の中身を充実させるための「良質のインプット」を得る方法を説明しましょう。

「引き出し」の中身の充実とは、「量」と「質」の両方でしたね。これも訓練で格段に向上します。

とはいえ、〝フロー〟状態の情報や数字、ツールなどをどうやって〝ストック〟すればいいのでしょうか？　そこが皆さんにとって大きな関心事だと思います。

繰り返しになりますが、私は人の頭の中には、情報や数字、ツールなどを入れておくための「引き出し」が並んでいると思っています。

昔ながらの漢方薬屋さんでは、小さな引き出しがたくさん並んだたんすに薬を入れて整理しますが、まさにそのイメージです。

私の頭の中の「引き出し」には、多くの数字や情報が入っているわけです。

でも、これだけでは完全ではありません。**数字や情報にプラスして、それらを分析するときに便利なツール（フレームワーク）なども入っています。**

ツールは、「引き出し」の中身を整理したり、「引き出し」の中に仕切りをつくったりするものというイメージです。

また、マクロ経済の数字や定義、顧問先企業や関心のある会社の財務内容や会計規則など、仕事に関することから、家族や友人にかかわること、大好きな絵やお酒など趣味に関することまで、さまざまなものが「引き出し」の中に入っているのです。

もちろん未分類のものもたくさんありますが、「引き出し」の中身は頻繁に入れ替わっています。

関心の幅が広がれば、新しい「引き出し」もどんどんできていきます。関心の数だけ「引き出し」ができるのです。

その際に、**「定義があいまいな言葉はすぐに調べる」「数字の裏づけをとる」という習慣があれば、「引き出し」の中身の精度が上がり、すなわち思考力のレベルも高まる**でしょう。

なるべく多くの、しかも質の高い数字や情報、ツールが頭の中の「引き出し」に入っているかどうかが勝負なのです。

これは習慣づけで格段に向上します。最初は、少ししんどいかもしれませんが、関心を持ったことを「調べる」という習慣が、「引き出し」の中身を充実させるのです。そして「メモする」ことも大切。それをときどき見返すのです。

向上心の高い仲間がいたら、勉強会などを開くのも手かもしれません。仲間をつくってネット上で情報交換するのも有効でしょう。

関心のあることは情報がどんどん増えますし、アップデートもされます。一方で、あまり使わない「引き出し」は、それごと使われなくなることもあるでしょう。

そう考えると、いろいろなことに関心を広く強く持っておくことと、常にとまではいかなくとも、ときどきいろいろな分野で刺激を受けることは、「引き出し」をいつも活性化しておくために重要です。

ちょうど、刺激が与えられると活性化する半導体のDRAM《ディーラム》（ダイナミックRAM）のようなものかもしれません。

新聞で「事実」をとらえる

私の重要なインプット手段のひとつは、「新聞を読むこと」です。

新聞は、頭の中の「引き出し」に正確な事実を貯めていくうえで、おおいに役立ちます。また、新聞は毎日刺激を与えてくれるので、すでにある「引き出し」の中身を活性化するのにも効果的です。

私の新聞の読み方を少し紹介しましょう。

私の仕事は経営コンサルタントですから、経営・経済の記事が多い『日本経済新聞』は、もちろん毎朝読んでいます（それ以外に『読売新聞』と『日経産業新

質の高い「引き出し」をつくる

あいまいな言葉、あやふやな数字、
古い情報……など

↓

調べる、裏づけをとる、
アップデートする……など

↓

「引き出し」の精度アップ

↓

思考力アップ!

POINT

質の高い情報が「引き出し」に入っているかで、
思考力のレベルは決まる

聞』も読んでいます。出張時には地方紙を読むのも楽しみのひとつです）。

実は、**私は『日本経済新聞』を朝の通勤電車の中で読み終えてしまいます。**これを言うと驚かれることがあるのですが、毎週月曜日に掲載される「景気指標」面や、ときには「経済教室」まで含めて20分強です。これで必要な情報は、ほぼ頭の中の「引き出し」に入ります。

もちろん、記事やコラムの中身をすべて読んでいるわけではありません。ただ、見出しは、大きいものも小さいものもすべて見ます。そして、気になった記事やコラムは丁寧に読みます。場合によっては、あとでスクラップやメモをします。毎日の「主要指標」や「経済教室」には必ずざっと目を通します。「私の履歴書」や小説もたいてい読みます。それで20分です。

その時間内に『日本経済新聞』をひと通り読んで、数字や情報をインプットしているのです（月曜日の「景気指標」面の数字はあとで使うので、そこだけ破ってスクラップしています）。

私が「20分で読む」と言うと、「かなり速いですね」とよく言われます。

速く読むコツのひとつは「慣れ」です。

私は『日本経済新聞』がどういう紙面構成になっているかを熟知しています。なにしろ、銀行員をやっていたときから30年以上、海外に留学したときを除いて、毎朝読んでいるのですから（紙面構成を理解していないはじめて読む新聞だったら、そんなに速く読めないかもしれません）。

数字に関しても「慣れ」が大きいと言えます。月曜日の「景気指標」面には、何番目のどこに何が載っているか、おもな数字をあらかた覚えています。

過去からの「蓄積」も重要です。 私は過去の主要な数字もだいたい覚えています。だから、数字を見るのが速いわけです。

また、**ベースとなる知識も、新聞を読むスピードと理解度を大きく左右します。**たとえば、マクロ経済の基本的な概念（GDP、有効求人倍率、マネタリーベース、国際収支など）や会計のフレームワークなどを知っているかどうかで、新聞の「読め方」が違ってきます。

新聞を読むのにも「関心」が必要

ここまでの話を聞いて、「よし、明日から私も『日本経済新聞』を20分で読もう！」と奮起した読者の方がいるかもしれません。しかし、いきなり短時間で読むのはなかなかむずかしいでしょう。

私は、**「すぐに新聞を読み解けるようになるコツはない」**と思っています。先ほど述べたように、速く読むには「慣れ」や「蓄積」「ベースとなる知識」が必要となります。

ですから、とにかく1面から見出しをすべて目に入れていく、そして気になった記事を丁寧に読む、という読み方を毎日続けるしかありません。要は、「積み重ね」です。それを何年もやると、必ず実力は上がります。

ただ、新聞を読むときには、先にも説明した「関心を持つ」ということが大前提となります。日本全体のことや、経済の動きなどに関心を持っていないと、読んでいても面白くありませんよね。

関心を持たずに字面《じづら》を追うだけでは、ただの知識で終わってしまう可能性が大きいでしょう。頭の中の「引き出し」に自然と入ってきません。

関心を持って読むからこそ、飛ばし読みでも自分にとって必要な見出しが目に飛び込んできて、その情報を頭の中の「引き出し」に貯めておくことができるのです。

私の場合、「景気指標」などの記事は丁寧に数字を見ますが、それ以外は見出ししか見ないものも少なくありません。ただし、くどいようですが、すべての見出しに目を通して、興味がある記事は内容を読みます。読むと決めた記事は丁寧に目を通します。いわば、「飛ばし読み」＋「熟読」です。

本当に必要な数字や情報だったら、切り取ってスクラップもします。手帳にメモすることもあります。そのメモをときどき見返すのです。

この際に、あとで詳しく説明しますが、頭の「引き出し」の中に無理に入れようとはしません。自然に入ることが重要だからです。**関心のあることは自然と「引き出し」に入ります。**

新聞の読み方は、訓練で必ず上達します。これもトレーニングです。

STEP1

現象

5 「有効求人倍率0・5」という数字は大きいか? 小さいか?

「引き出し」のデータをアップデートする

ずいぶん前に、講演で高知を訪れた際、講演後に、四国銀行の頭取さん、高知新聞社の社長さんと一緒にお茶を飲みながら、当地のお話を聞く機会がありました。

その際、私が聞いた質問はこうです。

「今、高知県の有効求人倍率(職を求めている人に対しての求人の割合)はどれぐらいですか?」

すると、0・5(倍)を切っているとのことでした。つまり、職を求めている人2人に対して1人分の仕事もないということを意味します。

それでは、この数字は大きいのでしょうか？　小さいのでしょうか？
わかりますか？

このような数字の話が出たときに、知っていると便利なのが、マクロの数字です。この場合は、**「日本全体の有効求人倍率は、今いくらか？」**ということになりますよね。

私は『日本経済新聞』の毎週月曜日掲載の「景気指標」面で、最新の数字をチェックしているので、有効求人倍率がいくつかを知っています。関心があるので、自然と「引き出し」に入ってくるのです（しかし、これも新聞記事を読まないかぎりは入ってきませんね）。

当時の最新の有効求人倍率の数字は、０・84でした。この数字を知っていないと、０・５と言われても、高いのか低いのかわかりません（２０１１年11月現在では、日本全体で０・７倍を少し切る程度です）。

基礎的なデータをいつも「引き出し」に入れておく。それも常にアップデートしておかなければいけません。

「引き出し」の中にいろいろな数字や情報がある程度入っていると、問題の全体像が見えてくるのです。

ちなみに、日本全体の有効求人倍率は、2007年の8月頃には1・07までありました。その後、リーマンショックなどで0・5倍を切る水準まで落ちました。高知県の数字もその際には0・3倍程度に下がりました。先ほどの高知県の数字と比較して考えると、いろいろなことがわかりますね。

そういう動向も、毎週マクロの数字のインプットを積み重ねているから見えてくるのです。

私は顧問先さんや役員をしている十数社の会社で仕事をしているので、世の中をミクロレベルで見ていることになります。しかし、日本には数百万社の会社があるわけですから、とても全部を見ているとは言えません。それをマクロの統計が裏打ちしてくれるのです。

スープにたとえれば、ひとすくいだけスープを飲んだら全体の味がわかりますよね。問題は、そのひとすくいで味を見極められるかどうかなのです。

「引き出し」はアップデートする

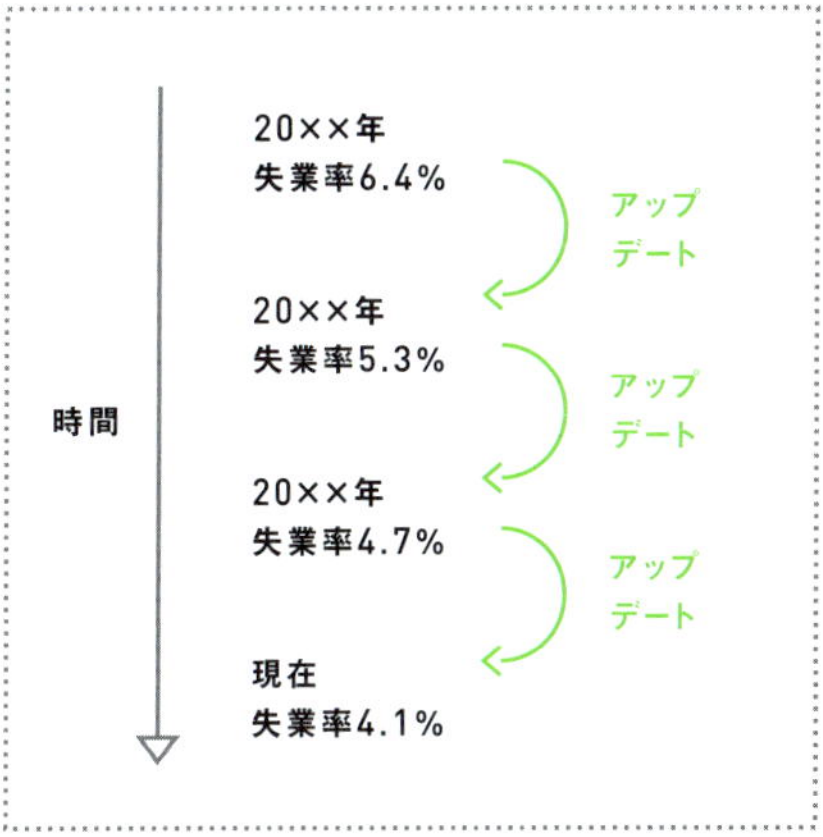

問題の全体像が見え、現在の状況がわかる

POINT

マクロの基礎的なデータは、
『日本経済新聞』などから常に入手できる!

そのためには、**ときどきマクロの数字を見て、自分の「舌」の感覚が正しいのかどうか確かめる必要がある**わけです。

『日本経済新聞』の月曜日の「景気指標」面も、たまに見るだけではダメです。毎週読むことを1年、2年と重ねていくこと。そして、現在の状況はいったいどうなのかということを、その都度とらえることが大事です。

これはマクロ経済の数字だけでなく、皆さんの仕事にかかわる企業の業績や業界動向の数字などでも同じことが言えるでしょう。

数字が「引き出し」に入っていると事実が見える

自分が見える範囲というのは限られています。自分の感覚というのは自分が見える範囲でしか判断できませんよね。

でも、それを統計データや新聞のいろいろな記事と照らし合わせることで、それまで見えなかった事実が見えてくるのです。

私は『日本経済新聞』の「景気指標」面は、本当にお得だと思います。わずか1部160円で、日本全体、米国全体、週によっては中国やアジア、ヨーロッパのマクロ経済の数字まで知ることができるのですから。

新聞は自分に代わって、日本全体や米国全体の統計という膨大な量の「What」（現象）を集めてくれていることになります。自分で調べるのはおよそ不可能です。

そういった**大きな数字を積み重ねて「使える」数字にしておけば、ミクロで起きた「What」を、マクロの大きな数字と照らし合わせて検証することができます。**

私の感覚が他人よりも当たるというのは、そこにポイントがあるのです。

つまり、本当かどうか事実を検証するだけの「引き出し」の量と質を持っていると同時に、あとでお話しする経済学や会計学のフレームワーク（物事を分解して考えるためのツール）を「引き出し」に入れて、いつでも使える状態にして持っているのです。

漠然とした知識は役に立たない

「現象を正確に見ることの大切さ」については、すでに述べました。

同じように、本を読んだり勉強したりする際にも、正確にその内容を把握することが大切です。

先日、若い人たちと話をしているときに、「GE（ゼネラル・エレクトリック）などがやっているストレッチ予算を知っていますか？」と質問しました。するとある若者が、「条件がベストの状態になったときにできる売上や利益です」と少し自慢げに答えました。その口調からは、「どうだ、自分は知っているんだ」という雰囲気がにじみ出ていました。

しかし私は即座に、それでは十分ではないと、反論しました。

読者の皆さんは、今の説明を聞いただけでストレッチ予算が組めるでしょうか？

コンサルタントは、お客さまが何をやればよいかを、具体的にわかっていただくのが仕事です。すぐに実行できる状態をつくってあげられなければダメなのです。

ストレッチ予算に関して言えば、たしかに彼が言ったような意味ではありますが、正確ではありません。「条件がベスト」と彼は言いましたが、そこが具体的ではないのです。

正確には、「企業がコントロールできない〝外部環境〟とコントロールできる〝内部環境〟の両方の条件がベストのとき」なのです。

たとえば、ビール会社なら、夏の1日の最高気温の平均が30℃なのか35℃なのかでビールの売上は大きく違います。

しかし、これは外部環境ですから、ビール会社でコントロールすることはできません（ただし、天候デリバティブなどを使って、リスクをコントロールすることはできます）。

自社でコントロールできる内部環境としては、「故障なしに設備を100％稼働させる」「必要な人員を確保する」「原料を必要量調達する」などがあります。こちらは自分たちの努力次第です。

こうした、**外部環境と内部環境の双方が完全に満たされた状況での売上高や利益の予算が「ストレッチ予算」**です。

ですから、外部環境要因で、売上が上がったり下がったりしても、部門の評価には加味されません。一方、内部環境要因は自身でコントロールできますから、パフォーマンス評価の対象になるのです。

何事も正確に把握していないと、実際の仕事では使えません。

飲み屋でのちょっとした話題としてなら、先ほどの若者程度の知識でも大丈夫ですが、ビジネスの現場では、漠然とした知識は役に立たないどころか、「生兵法は大ケガのもと」にもなりかねません。当然、求める結果も得られません。

もちろん、漠然とした情報でも少しは役に立つことがありますが、自分がプロとして活動する領域では、本を読んで勉強するときにも、正確に情報を得ることが必要です。そうでなければ、役に立つ「引き出し」の中身とはならないのです。

逆に言えば、そういう本を読んで勉強する際にも、物事を正確に把握しようと心がけることが、どんな場面でも現象を正確にとらえるための訓練になると言えるでしょう。

「基準」があると質の高いインプットができる

あるとき私は、新幹線の乗車券と特急券を2枚同時に改札機に入れたときに、どちらが上になって出てくるかが気になりました。

新幹線に乗るときは、出張で大きな荷物を抱えていることも少なくありませんが、改札機を通ったあと、すぐに知りたい情報は、特急券に書かれている「○号車　△番」という座席番号です。

しかし、改札機から出てくる切符は、必ずしも特急券が上になって出てくるとはかぎりません（どういうふうに出てくるかは、ご自身で確かめてください）。

私がこのことに気づいたのは、仕事柄、「お客さま第一」で物事がなされているかが気になるからです。

つまり、**「基準」を持っている**のです。基準を持てば、さまざまな情報が自分のアンテナに引っかかり、それが頭の「引き出し」への良質なインプットを助けることになるのです。

STEP1

現象

6 情報は「詰め込む」のではなく「自然に頭に入る」

詰め込んだものは忘れてしまう

関心があることについて、いろいろ調べていくと、ますます関心が深くなり、さらに調べたくなります。関心のスパイラルが生まれるのです。すると、頭の「引き出し」の中に正確な事実が貯まっていきますよね。

このときに大切なことがあります。それは、**「引き出し」に入れるという感覚ではなく、「引き出し」に自然に入る感覚が大事**ということです。これは、たいへん重要な違いだと私は思っています。

言い方を換えると、「記憶する」という感覚を私は持っていません。あくまでも自然に入るのです。無理やり詰め込むわけではありません。

「引き出し」の中に自然に入るかどうかは、どれだけ関心を持っているかで決まります。

強い関心を持たないと、記憶に頼る、つまり無理やり覚えざるを得ません。

皆さんも、好きな相手や芸能人、お気に入りのスポーツチームや選手、趣味のことなどは、無理に記憶しなくても自然に覚えていますよね。それと同じような強い関心を他の物事にも向ければよいのです。

逆に、自然に頭に入るくらいの強い関心を持たないと、単なる知識の詰め込み、「お勉強」にとどまってしまいます。

関心がないままに、いくら「Ｗｈａｔ」（現象）のインプットを増やしても、なかなか「引き出し」に収まりませんし、すぐにどこかへ消えてなくなってしまいます。試験勉強のときに、一夜漬けで覚えた知識はすぐに忘れてしまうのと同じです。自然に「入っている」のではなく、無理に「詰め込んでいる」から、なかなか覚えられないのです。

さらに、気になったことを手帳などにひと言でよいからメモし、それをときどき見直すことも「引き出し」の中を活性化するうえでとても有効です。

納得すれば自然に「引き出し」に入る

本番や試験などに強い人は、無理な記憶に頼りません。詰め込まなくても自然に頭に入るからです。

彼らは、強い関心を持っているから、詰め込む必要がないのです。

さらに、多くのことを理解できる「論理的思考力」が高くなれば、物事の理解力が上がりますから、記憶に頼らなくても「引き出し」にサッと自然に入りやすくなります。

重要なのは、納得することです。

納得していることは、そのままスッと頭の中に入りますよね。逆に、納得できていないことが試験に出るとなると、無理やり苦労して詰め込むという事態になります。

そんなことは、試験が終わったらすぐ忘れてしまいます。もしかしたら試験前に忘れているかもしれません。

ビジネスの場では普段、試験はありませんが、十分理解していないような知識

情報は自然と頭に入るもの

×

関心がない
納得していない

無理やり詰め込むから理解できない

○

関心が高い
納得している

「引き出し」に自然と入ってくるので
理解度が高い

POINT

**十分に理解していない知識やツールは
ビジネスでは使いこなせない**

やツールは使えないし、使いこなせないのです。

ですから、十分に理解し、納得していることが、実は思考力を高めるキーポイントなのです。**記憶に頼るのではなく、納得です。**


「あっ、そうなんだ！」

「そういうことか、すごい！」


このように思えたことは、すんなり頭に入ってきます。

しかし、むずかしいことを納得できるようになるためには、高度な「論理的思考力」が必要です。

そのためには、先に説明した「Ｗｈａｔ」を丹念に見る訓練や、論理的思考力の高い人の書いた本を〝丁寧に〟論理を追って、理解できるまで読む読書法などが有効です。つまり、「急がば回れ」の気持ちで勉強することが大切なのです。

いずれにしても、精緻な「Ｗｈａｔ」を「引き出し」に入れれば入れるほど、論理的思考力が上がります。すると、いろいろなことに対する関心も高まるので、インプットがより自然に頭の中の「引き出し」に入るという良いスパイラルができていくのです。

情報のある場所がわかればOK

もちろん私も、すべてを頭の中に入れているわけではありません。新聞記事のスクラップやメモをしたり、パソコンの中にデータを保存したりもします。関心の強いことなら細かいことまで、頭の中の「引き出し」に自然に入りますが、すべてが入っているわけではありませんし、その必要もないと思っています。

頭の中の「引き出し」の中になくても、**関連のある情報が、物理的に頭以外のどこにあるかを知っていればかまわない**わけです。

私はマクロ経済の記事を、会社の机からすぐ手が届くキャビネットに、大きな磁石付きのクリップで留めています。データや情報のある場所を知っていればそれでよいのです。

ちょうどコンピューターの「外部記憶装置」のようなものですね。すべてを自分の頭の中のメモリーに無理に入れておく必要はありません。必要なときに、その外部情報を見ればよいのです。また、「Ｇｏｏｇｌｅ」など検索サイトに頼ることもできるでしょう。

「何もかも詰め込もう」と思う必要はまったくないのです。

重要なのは、自然に頭に入ること。自然に入ったことは、必要なときに自然に出てくるものです。

自然に頭の中の「引き出し」に入ったものは、必要なときにサッと出てくるので、「ひらめき」やすくなります。また、中身の組み立てもきれいにできるので、論理的思考もしやすいのです。

そのためには、強い関心を持つことと、経済や会計など自分の仕事に必要なツールやフレームワークを普段から勉強しておくことが重要です。

「外部記憶装置」を活用する

外部記憶装置

パソコンのデータ、
新聞記事のスクラップ、
Googleなどの検索サイト……

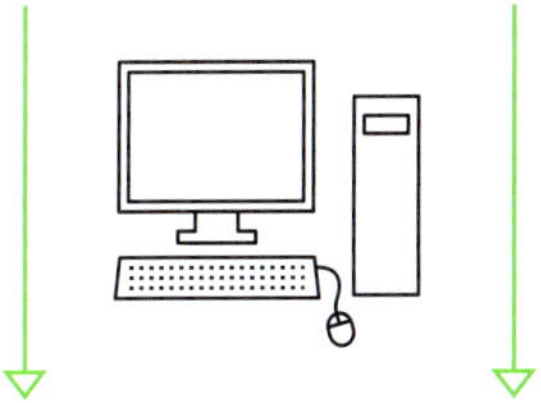

必要なときだけ「外部記憶装置」から
情報を取り出す

POINT

情報のある場所がわかっていれば、
すべてを「引き出し」に入れなくてもOK

STEP1

現象

7 「関心」の幅を広げる6つの習慣

日常のちょっとした行動で「引き出し」を増やす

私は関心の幅を広げるために、これまで紹介してきた方法のほかに、以下のようなことを日常生活で心がけています。

日常生活のちょっとした行動が関心の範囲を広げ、頭の中の「引き出し」の数やその中身を充実させてくれます。

①知らない道を歩く

目の前に知っている道と知らない道があれば、知らない道を歩いたほうがインプットの量が格段に増えますし、脳も刺激されます。

②仕事に直接関係のない雑誌をカバンに入れておく

私は、普段は『ニューズウィーク（日本版）』をカバンに入れていますが、出張の際などには『文藝春秋』を買うことが多いです。ビジネスと直接関係のない話題に触れることも関心の幅を広げます。いろいろなことを少しずつ「かじって」おくといいでしょう。

③テレビを見るとき、一気に目的のチャンネルまで飛ばない

私はテレビのチャンネルを変えるとき、リモコンのアップダウンボタンで、ひとつずつチャンネルを上げ下げすることを心がけています。「受動的」なインプットを増やすと、意図しないインプットを得られることがあります。

④複数の新聞を1面から読む

短い時間でもよいので、新聞を読むための決まった時間を確保することが大切です。

私は朝食時にテレビのニュースを見ながら『読売新聞』を、通勤電車の中で

『日本経済新聞』を、会社で『日経産業新聞』を読むようにしています。それぞれ視点が異なるので、「引き出し」へのインプットのされ方が違います。

また、飛行機に乗るときは、普段読まない『朝日新聞』や『産経新聞』を読みます。

⑤本を通読する

「通読」とは本をザッとひと通り読むことです。多くのジャンルで「予備知識」を持っておくと、「引き出し」へのインプットがしやすくなります。

⑥気になったことはすぐメモする

メモすることによって、さらに関心が深まります。「経済日記」をつけるのも有効です。『日本経済新聞』などを読んで、気になったことを毎日メモするのです。

書くことにより、本当に理解しているかどうかが確認でき、「引き出し」への定着度合いが高まります。

関心の幅を広げる6つの習慣

1 知らない道を歩く

2 仕事に直接関係のない
雑誌をカバンに入れておく

3 テレビを見るとき、
一気に目的のチャンネルまで飛ばない

4 複数の新聞を
1面から読む

5 本を通読する

6 気になったことは
すぐメモする

POINT

日常の小さな行動が、「引き出し」の数や
中身の充実につながる

また、ときどきそのメモを見直すと、記憶がリマインドされます。

受動的なインプットも大切

先ほど、「テレビを見るときは『受動的』なインプットを増やすとよい」と述べました。

一般的に「能動的」なのは大切なことですが、どうしても自分の興味のあることだけに意識がいってしまいがちです。

実は、**「受動的」にも良い面があって、自分が意図しないインプットを得ることができるのです。**

自分に必要なものだけを選択することは、一見、合理的に思えるかもしれませんが、関心の幅を狭めることにもなりかねないので注意が必要です。このことは、あとで説明する「ひらめき」にも実は大きくかかわってきます。

「ひらめき」は、あることが頭の「引き出し」の中に新たにインプットされたときに、別の「引き出し」が開いて関連づけられることです。

しかし、関心の幅が狭い人は、その「引き出し」が限られているので、「ひらめき」が出てくる範囲（つまり、開く「引き出し」の数や中身）も限られることになります。

普段からの心がけや習慣で、頭の中の「引き出し」の数やその中身が大きく変わってくるのです。

「仮説検証」する！

「引き出し」を整理・整頓しよう

頭の中の「引き出し」の数を増やし、量・質を高める方法を身につけたら、次に必要なのは「仮説検証」です。

仮説検証は、「論理的思考力」を高めるための大事なステップ。

仮説検証を通じて「引き出し」の中を整理・整頓することで、精度が高く、いつでも使える情報やノウハウを得ることができます。

それは結果的に「鋭いひらめき」にもつながるのです。

STEP2

仮説検証

1 電車が混んでいるのはなぜか？

仮説と事実を見極める「検証」

現象には、まだ印象にすぎないものや「仮説」の段階のもの、「事実」であると検証されたものなど、さまざまな段階がありますが、とくに「仮説」と「事実」の見極めは重要です。

「仮説」と「事実」を見極めるためには、「検証」を行わなければいけません。「検証」する力は、日常の身近な現象でも鍛えることができます。

ひとつ事例を挙げましょう。

私は通勤手段として、電車を利用しています。ほぼ毎朝、通勤ラッシュがはじまる前の決まった時間の電車に乗り、移動中は新聞を読むのが日課となっています。

ところが、あるときに「電車が混んでいるな」と感じたのです。

どうしてそう感じたかというと、毎朝同じ時間の通勤電車に乗っているにもかかわらず、新聞が読みにくくなってきたからです。

どうして電車が混むようになったのだろう？

何か理由（Ｗｈｙ）があるのかもしれない。

こうして、まずは感覚によって現象をキャッチしました。現象（Ｗｈａｔ）を、関心を持ってとらえたら、思考のスタートです。

そこで私は、そのときに「日本の景気が悪化しているうえに、ガソリンの価格が高騰したために、これまで自動車で通勤していた人が電車で通勤するようになったからではないか？」と考えました。

これは、「Ｗｈａｔ」をとらえて思考した結果、私が導いた「仮説」です。

仮説を立てたら、検証するのが原則です。

ガソリンの価格高騰のために、電車という交通手段が注目されているのなら、電鉄会社の売上が上がり、株価が上がっているかもしれない、と考えました。

すぐにインターネットで株価を調べてみると、電鉄会社の株価が1割近く上がっていたことがわかりました。また、その後の日経平均株価の暴落時でも電鉄株はほとんど値下がりしませんでした（もちろん、不況時に強い業種ということもあります。念のため）。

「あれっ？　最近電車が混んでいるのではないか？」と感じたにすぎなかった「What」について、数字で裏づけがとれたわけです。

「すぐに株価を調べる」という具体的なアクションを起こし、自分なりに検証したことで、「事実」がひとつ得られました。

その後、電鉄会社の人に会う機会があったので、いろいろ話を聞いてみました。すると、やはり定期券の売上が上がっているとのことでした。つまり、「車で通っていた人が電車に乗り換えている」という仮説が、完全ではないですが、ある程度は検証されたことになります。

自分の感覚と株価、実際に会った電鉄会社の関係者の話など、いろいろなもので仮説を検証していったのです。

仮説を検証する

現象 「電車が混んでいるな」

↓

仮説 「車で通勤していた人が電車に乗り換えている」

↓

検証 電鉄会社の株価上昇、電鉄会社の関係者の証言

↓

事実 「裏づけがとれた!」

POINT

仮説が思い浮かんだら、とりあえず「検証してみよう」と思うことが大事

ただ、これではまだ、100%の検証ではないかもしれません。もっといろいろな理由が絡み合っている可能性があります。

でも、とりあえず考えてみることです。まずは、**「検証してみよう」と思うことが重要です。**むずかしいことではありません。いい訓練の機会としてとらえ、どんどんチャレンジしてみましょう。

身のまわりの変化を感じとろう

皆さんのまわりにも、ちょっとした変化が起こっていませんか？

まず変化を感じとることです。ささいなことでかまいません。日常生活から「What」を感じとり、その「Why」を考える。さらに、それを自分なりの手段で検証してみるのです。

こうした仮説検証を繰り返すことで「引き出し」の中身がきれいに整理・整頓され、論理的思考力が向上していきます。

つまり、仮説検証のプロセスとは、論理的思考力のベースとなる「事実」をより正確に知ることであり、論理的思考を行うことそのものでもあるのです。

STEP2

仮説検証

2 どの会社の自動販売機がいちばん多いか？

感覚を数字で検証する

街で飲料の自動販売機をよく見かけますね。どこの会社のものがいちばん多いと思いますか？

街を歩いていて見かけるものでも、実際のデータを見てみると感覚と違う場合もありますし、正確にどのくらいのシェアかということは、感覚だけではわかりません。

もちろん、皆さんが住んでいる地域によって偏りはあると思いますが、**飲料の自販機シェアのダントツトップは、コカ・コーラ**です。

自販機の数は全国で100万台弱、飲料の自販機全体に占める割合は37％を超えています。

2位のサントリーフーズの40万台（シェア15％）の倍以上です。ちなみに、3位はダイドードリンコで約25万台（同10％）。

意外なのは、飲料大手のキリンビバレッジ、アサヒ飲料がそれぞれ約17万台（同7％弱）である点です。ポカリスエットなどの大塚製薬はさらに少なくて、15万台（同6％）となっています。


しかし、ここで思考を止めてはいけません。**清涼飲料全体のシェアはどうなっているのか**を考えると、また違った側面が見えてくるからです。

清涼飲料の売上高のランキングを見てみると、2009年で1位がサントリーの8610億円で、シェアは19％です。

続いて、キリンが7350億円（シェア16％）、JTが3946億円（同9％）、コカ・コーラウエストが3696億円（同8・1％：ほかにコカ・コーラセントラルジャパンが1935億円〈同4％〉）、アサヒビールが3551億円（同8％）などとなっています。

自販機と飲料全体のシェア

自動販売機のシェア

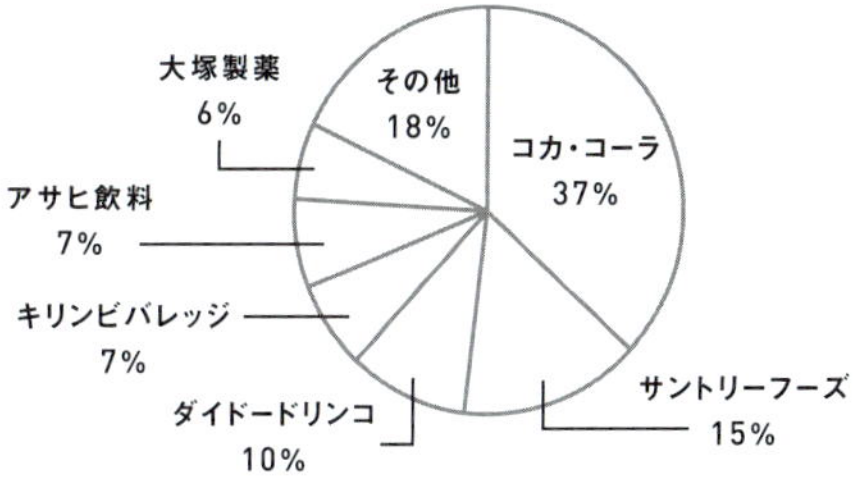

清涼飲料全体のシェア

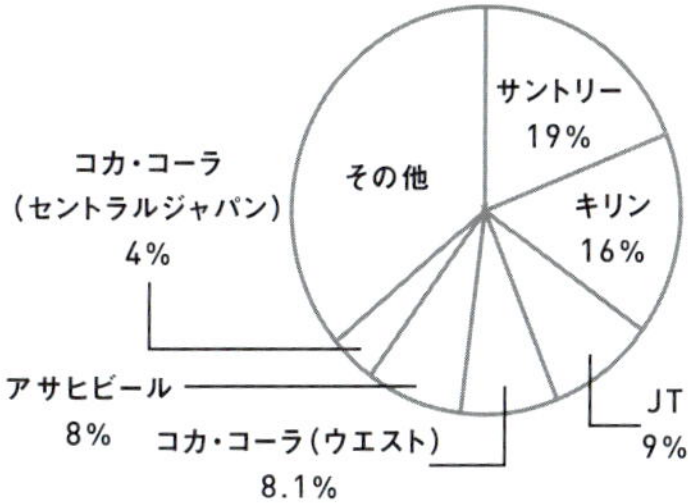

POINT

自販機でコカ・コーラはダントツのトップだが、
飲料全体のシェアは約12%にとどまる

数字を組み合わせると別のことが見えてくる

コカ・コーラが自販機ではダントツトップですが、清涼飲料全体では、コカ・コーラウエストとコカ・コーラセントラルジャパンを合わせても12％強です。

一方、サントリーの場合は、自販機の台数シェアと清涼飲料全体のシェアがほぼ一致、キリンは清涼飲料全体のシェアのほうがかなり大きいのに、アサヒは自販機シェアと清涼飲料全体のシェアがそれほど変わらないということもわかりますね。

また、自販機ランキングでは3位に入っていたダイドードリンコは、清涼飲料全体では、トップテンにも入っていません。

こうした情報から、コカ・コーラとダイドードリンコは戦略として自販機での販売に大きな力点を置いていること、逆に言えば、サントリー、アサヒは自販機以外のコンビニやスーパーなどのルートでも自販機販売と同程度の比重で販売していること、キリンは自販機ルート以外での販売が多いということがわかります。各社の戦略や営業力の違いが数字から見えてきますね。

街で見かけて漠然と考えていることも、**数字を具体的に見たり、さらにそれに関連する数字を調べたりすることによって、より具体的な「実像」を見ることができます。**

近年では、ネットでの情報検索も容易ですから、ちょっと感じたことや、不思議に思ったことを数字レベルまで具体化して考えるクセをつけてください。そうすると、思考力が一気に高まります。

STEP2

仮説検証

3 あのビールはなぜ一人勝ちしたのか？

ツールは「現象を分解する」ための道具

現象から正しい事実をとらえる際に便利なのが、**ツールを使って「分解」して考えること**です。現象を分解して考えれば、より速く簡単に事実をとらえることができます。

ツールというのは、現象を「分解」するための技です。「分解」するというのは、「具体化」すること。**現象が具体化されると、「引き出し」が整理・整頓され、モノが見えやすくなる**のです。

ツールは、分解するための「道具」や、「引き出し」の中の「仕切り」のような役割をすると考えてもよいでしょう。

分解して具体化することではじめて、現象が正確な事実として、誰の目から見ても明確なものになります。

分解するツールを持っていると便利です。ツールは時間の節約になるので、少し時間をかけて勉強しておくことが大切です。

たとえば、「緊急度と重要度の四象限のマトリクス」「UDE（好ましくない現象）」「プロコン・リスト（良いことと悪いことの一覧表）」などの言葉を聞いたことはありませんか？　ここで詳しく説明することはできませんが、これらも現象を分解するためのツールです。

マーケティング・ツール「5つのP」

ところで、企業の本質的価値は対外活動から生まれるので、企業の根本にあるのは商品やサービスです。

お客さまのために他社との違いを出す、つまり、お客さまに喜んでいただける商品、サービスを提供するというのがマーケティングの基本です。

「何をつくればいいか」「何を商品にすればいいか」ということを、大きな枠で考え、「仮説検証」するのがマーケティング戦略です。

マーケティングを具体的に実践するうえで、便利な検証ツールがいくつかあります。

たとえば、マーケティングの「5つのP」というツールもそのひとつ。「5つのP」とは、プロダクツ（製品）、プライス（価格）、プレース（流通）、プロモーション（広告宣伝）、それからパートナー（誰をパートナーに選ぶか）です（長い間「4つのP」と言っていたのですが、今は「パートナー」を入れて「5つのP」と呼んでいます）。

ものが売れないときは、5つのうちのどこかが狂っているわけです。「5つのP」のような分解ツールを持っていれば、それに当てはめることで、どこが間違っているかがわかります。

「5つのP」は、マーケティングの本を読めば必ず書いてある基本ツールです。頭の良い人が体系化して、つくってくれたフレームワークです。

ツールは、あくまでも「道具」ですから、**知識として頭の中に貯めておくだけではなく、実際に使いこなして、仕事に活かすことが大事**です。

「ザ・プレミアム・モルツ」が売れた理由

先ほど飲料の例を挙げましたが、それに関連して、今度はビールについて考えます。

数年前、サントリーの「ザ・プレミアム・モルツ」が大ヒット。同じプレミアムビールであるサッポロビールの「エビスビール」のシェアを抜き、プレミアムビール・ブームの火付け役となりました。

そこで、**「ザ・プレミアム・モルツはなぜ売れたのか?」**という「What」を「5つのP」というツールを使って「分解」し、分析してみましょう。

ビール業界というのは競争の激しい市場ですから、本当にいろいろなマーケティング戦略を考えています。

「ザ・プレミアム・モルツ」が成功した背景となる事実のひとつが、「プレース(流通)」です。

当時、ライバル企業のサッポロの調子がそれほどよくありませんでした(外資系の投資会社、スティール・パートナーズから買収を迫られていました)。それによって、全国で工場と営業所を閉鎖したところが少なくありません。

ビールはナショナルブランド商品ですが、実は地域商品でもあります。工場があるところでは「地元商品」という感覚で、地元の人が多く買ってくれるものです。また、工場近辺には営業所もありますから、各社とも飲食店に対して、本当に泥臭い営業をしています。

サッポロが営業所を閉鎖すると、そのエリアには営業マンが行かなくなる。一方、サントリーはビールのシェアは小さいですが、洋酒のシェアは日本で1番。だから、営業所が全県にあります。

そこで、サントリーの営業マンが飲食店へ行って、「今サッポロのヱビスが入っていますが、ザ・プレミアム・モルツに変えてください」と営業していたわけです。

次に「プロモーション（広告宣伝）」です。

ビール業界の各社は「プロモーション」のプロフェッショナルです。新製品や主力製品については、大手広告代理店に何百億円も払って、テレビCMや電車広

ザ・プレミアム・モルツを「5つのP」で分解する

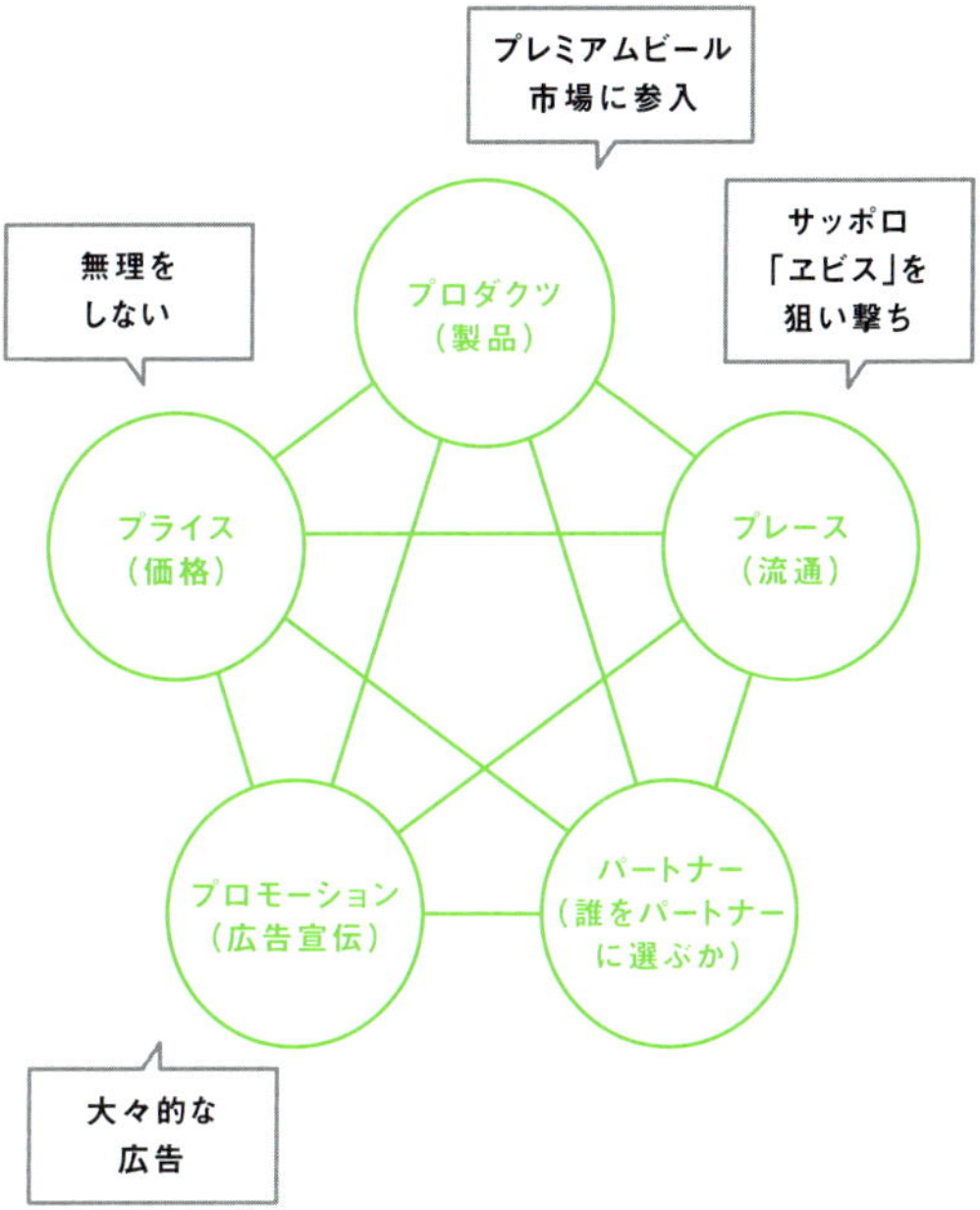

POINT

「5つのP」のようなツールを使うと、
現象を簡単に分解でき、事実を整理しやすい告、ウェブ展開などを行います。

ですから、メーカーのプロモーション戦略に踊らされて、「プレミアムビールが売れている」という印象を持っていた人が多いのです。

サントリーは、悲願であるビールのシェアアップのためにも、「ザ・プレミアム・モルツ」の「プロモーション」に懸けていたのだと考えられます。

サントリーの「ザ・プレミアム・モルツ」は、まず「プロダクツ（製品）」で差別化し、プレミアムビール市場に参入した。「プロモーション（広告宣伝）」は得意分野なので、大々的に行った。「プレース（流通）」では、元気のないサッポロの「ヱビス」を狙い撃ちにした。その代わり、「プライス（価格）」では無理をしなかった、ということです（このケースの場合、「パートナー」については、残念ながらよく知りません）。

このように、マーケティングの「5つのP」など**既存のツールを使うと、現象を簡単に分解できて、そこで得た事実を「引き出し」の中で整理しやすい**のです。

あなたが自分自身でツールや法則を生み出す必要はまったくありません。私たちはビジネスという実践の場にいるわけですから、これまでに多くの人が考えついたマーケティングのツールを、本を読んで習得したほうが早いのです。問題は、それをいかに活かすか、使いこなすかです。

数時間の勉強で一生使えるツールを手に入れる

ツールとは、一部のコンサルタントが使いこなしているようなむずかしいフレームワークや手法だけとはかぎりません。**会計や経済などの基本を勉強することも、立派なツールになります。**

それらのツールは、情報と同じように、頭の中の「引き出し」に入れておくのです。「引き出し」の一部に「道具箱」がある、と考えてもいいでしょう。

あなたの頭の中の「引き出し」のいくつかが、自分にとって使い勝手のいいツールを入れた「道具箱」となれば、あなたの分析力は格段に上がるでしょう。そうなれば、他の「引き出し」の整理も進み、「論理的思考力」や「ひらめき」も向上するはずです。

たとえば、**人生のある時点で1回、財務諸表の読み方を10時間かけてきちんと**

勉強しておけば、そこで得た読み方のテクニックはその後、一生使えるツールになります。それには財務会計のフレームワークを知るのがいちばんです。

財務諸表の読み方を知らない人は、貸借対照表やキャッシュ・フロー計算書を何時間眺めていても理解できません。でも、フレームワークを知っていれば簡単に読めるのです。

たとえば、「どこかの会社に商品を掛け売りするかどうか」といった場合に、その会社の貸借対照表を読んで商品を売るかどうかを判断できれば、リスクは軽減できますよね。株式投資をする場合も、財務諸表が読めるかどうかでかなり違います。

経済の基本についても「GDPって何？」「円高って日本経済にどういう影響があるの？」「政策金利って何？」といったことを、入門書を読みながら数時間かけて勉強すれば、一生使えるツールとなって、すごく得をすると思います。

こういったフレームワークを知らない人は、何時間考えていてもわかりませんよね。でも、ツールを知っていれば財務諸表も5分で読めるようになります。ツールは時間の節約にもなるのです。

ツールは使いこなさなければ意味がない

ツールは、状況に応じて、どれを使うかを決めることも重要です。ひとつのツールにこだわらず、いちばん適したものを使わなければいけません。

先ほどのマーケティングの「5つのP」は、会社の視点で使うツールです。

一方、お客さまの側から見るときには、「QPS」というツールを使います。「Q」はクオリティー、「P」はプライス、「S」はサービスをあらわしています。

お客さまは、この3つの視点で会社や商品を選んでいるのです。

ツールはどれも、「What」を分解して整理するための道具にすぎません。会社の内部から見た場合と、お客さまの視点で見た場合とで、ツールを使い分ける必要があります。

ツールは、ハサミと同じ。単なる道具です。**それをいかに使いこなせるかが大事**なのです。世界一のハサミを持っていても、それを完璧に使いこなせる人と、普通にしか切れない人がいますよね。それは訓練と経験の違いなのです。

また、ツールによっては自分が不得手なこともあります。その場合は、**得意な**

人に任せてやってもらえばいいのです。

私の会社でも、事務職のスタッフにプレゼン資料の作成を頼むと、すばらしいものをつくってくれます。私はとてもかなわない。

だから、一部の資料づくりは彼らに任せています。それでいいのです。チームで仕事をしているわけですから、事務職のスタッフは彼らが得意なツールを、私は私の得意なツールを使えば問題ありません。

「Google」にできること、できないこと

私がツールを使いこなすことが重要だと思ったのは、米国のビジネススクールに留学していたときのことです。

そのとき、「Ｌｏｔｕｓ １-２-３」という表計算ソフトに出会ったのです。「ＩＢＭ ＰＣ（ＩＢＭ初のパソコン）」ができてすぐの頃ですから、たぶん私は、日本でもっとも早い「Ｌｏｔｕｓ １-２-３」のユーザーの一人だと思います。もちろん、まだ日本語バージョンなんてありませんでした。

「Ｌｏｔｕｓ １-２-３」を使ってみて、「これはすごい！　これに計算で勝て

るやつはいない」と思いました。表計算で1カ所の数字を変えると、一瞬で何百、何千カ所の数字が変わるのですから、当時はたいへん驚いたのです。

それまでは「計算能力の高い人＝頭が良い」と考えられていて、そういう人が良い大学に入って出世もしていました。

でも、これからは、**計算では「Ｌｏｔｕｓ １－２－３」という表計算ソフトには絶対にかなわない**、と思ったのです。

これに気がついたことは、私の人生の大きな転機だったと思います。パソコンに勝てないことを悟った私は、計算能力で勝負するのはやめたのです。

私が、ツールを使いこなすことが重要だと思ったもうひとつのきっかけは、「Ｇｏｏｇｌｅ」です。

「Ｇｏｏｇｌｅ」ができる前までは、情報をたくさん持っている人が偉いと思われている面がありました。百科事典のような人ですね。

しかし、「Ｇｏｏｇｌｅ」で何か知りたいことを入力して検索すれば、瞬時に何百万件もの結果を表示してくれます。誰でも物知りになれるのです。

物知りという点では、「Ｇｏｏｇｌｅ」に勝てる人はいません。もはや知識の量だけで勝負する時代ではないのです。

そこで必要となってくるのが、ツールをうまく使ってモノを知る方法です。

もっと言えば、「知識」の時代から「知恵」の時代に急速に変わったのです。**知恵とは、知識を意味のあるもの、自分や他人にとって有意なものに変える能力のこと**です。その根底にあるのが、「論理的思考力」や「ひらめき」、つまり、「レベルの高い思考力」だと思っています。

この先、さらにＩＴ化が進めば進むほど情報量は増えますから、さらに、知恵の重要性が高まることになると、私は考えています。ツールは知恵を高めるためのひとつの手段なのです。

ツールは「目的」ではなく「手段」

このようにツールは役立ちますが、多くの人が、ツールにこだわりすぎているように感じます。

「プロローグ」でも触れましたが、今、売れているビジネス書の多くがツールを教える本です。まるで「ツールの切り売り」のようにも思えます。

多くのビジネスパーソンに求められているのは、ツールの定義だけではなく、自分の仕事にとって即効性のある具体的な提案をすることです。つまり、**ツールを使いこなし、実践に活かす思考力**なのです。

ベーシックなツールは、プロのコンサルタントであっても、10~20程度知っていればやっていけます。もし知らなくても、調べればツールはたくさんあります。「レベルの高い思考力」、さらには、「価値観」を持たないでツールや小手先のテクニックだけに頼っている人たちは、「浅い」と言わざるを得ません。

人間は、余計な部分を削ぎ落としていくと、最終的には「価値観」しか残らないと思います。これはどんなに「Ｇｏｏｇｌｅ」が進歩しても、パソコンが進歩しても、必ず残るものです。

レベルの高い思考力を持って、ツールを実践でも十分に活用できるかどうか、さらには、根幹になる「価値観」を持っているかどうか、ということがすごく大事なのです。

皆さんには、理屈だけでなく価値観も学んでいただきたいと思っています。

STEP2

仮説検証

4 「引き出し」の整理・整頓をする4つの習慣

この行動が論理的思考力を高める

ステップ2の最後に、頭の中の「引き出し」を整理・整頓するためのヒントをいくつか紹介します。

①ノートをつける・読み返す

気づいたことを継続的にノートにメモしていき、それを読み返すことで頭の中の整理ができます。意外な関連性に気づくこともあります。ステップ1で触れた「経済日記」（116ページ）も有効です。

ノートの整理は、頭の中の「引き出し」の整理・整頓につながるだけでなく、

「引き出し」の整理・整頓をする4つの習慣

1　ノートをつける・読み返す

2　定点観測する

3　比較する

4　熟読する

POINT

物事を比較すると、違いがはっきりし、本質が見える

頭の中を活性化し、論理的思考力を高めます。

②定点観測する

数字でも興味のある事柄でも、定点観測し続けると、変化や本質、他の事柄との関連性が見えやすくなります。

ちなみに、私は東海道新幹線の三河安城—豊橋間で車窓から見える野立て看板（道路や線路沿いに設けられる看板）の種類と数をときどきカウントしています。

③比較する

物事を比較することで、両者の違いがはっきりし、それによってこれまで見えていた以上のことが見えることがあります。

たとえば、「売れている商品」と、「類似しているけれど売れていない商品」の違いを見れば、売れている商品の本質を見つけ出せたりします。比較することで、見るポイントがはっきりし、「引き出し」の中身が整理・整頓されるのです。

④熟読する

「熟読」は論理的思考力を深める最高の手段だと、私は考えています。論理的思考レベルの高い人が書いたむずかしめの本を1行も飛ばさず、丁寧に読むことによって、著者の論理や考え方を得ることができます。

ちなみに速読では、ある程度の情報は得られますが、論理的思考力は高まりません。

STEP

0
思考スイッチ

1
現象

2
仮説検証

3
本質

4
ひらめき

「本質」をつかむ！

「引き出し」を使って分析しよう

「What」（現象）を正確に事実としてとらえ、仮説検証を繰り返すことで、「Why」へと思考が深まっていきます。

「Why」とは、「本質」をつかむための問いかけです。

ステップ3では、頭の中の「引き出し」に入った事実や数字、ツールを利用して、根本的な本質や理由（Why）を見つけ出していきます。

こうしたプロセスが、思考力アップの大きな目的である「論理的思考力を深める」ことにつながるのです。

STEP3

本質

1 新幹線の揺れ方が車両によって違う理由

思考力を深める「なぜ？」「ほんとう？」「それから？」

「小宮さんは何でもよく知っていますね」と言われることがありますが、それは関心を持っているからです。

関心を持っていれば、「Ｗｈａｔ」が増え、その質が上がることはステップ１で説明したとおりです。

「Ｗｈａｔ」を掘り下げていくことにより、さらに深い「Ｗｈａｔ」を得たり、本質に迫ることができるようになります。

その際、**「なぜ？」「ほんとう？」「それから？」といった言葉を、人と話すときや会議などで使うと、本質に迫りやすくなります。**

まず、少し軽めの話からいきましょう。

私は乗り物オタクなので、新幹線に乗って目を閉じていても車両のタイプがだいたいわかります。

なぜだかわかりますか？

それは車体の横揺れ（ローリング）の仕方が違うからです。

３００系（最初に「のぞみ」に使った車両）はすごく横揺れがします。７００系（車両の先頭が「カモノハシ」のような形をしています）と最新のＮ７００系でも揺れ方が微妙に違います（実は音も違います）。

と言っても、皆さんはピンとこないかもしれませんね。

では、なぜ揺れ方が車両によって違うか、説明しましょう。すべてのことには理由があるのです。

まずは、その**「なぜ？」**を新幹線に関係する技術者に聞いてみました。最新型の新幹線は、車体の下にあるエアダンパーと呼ばれる装置をコンピューターで制御して、車体の角度を小刻みに修正しているそうです。

とくに最新型のＮ７００系は、そのコントロールの精度が格段に高く、カーブに入るときには車体の角度を2度修正しているということです（こんなことを聞くと、乗り物オタクの私の頭の中の「新幹線」の「引き出し」が、さらに充実していくわけです）。

「ほんとう？」と、さらに詳しくお話を聞いてみました。

カーブに差しかかると、遠心力で車体が外側に振られますよね。だから従来の300系や500系（灰色のとがったような車体。すでに東海道エリアでは引退しました）、あるいは700系では、時速270キロの速度を、カーブ地点では250キロまで落としていました。

でも、N700系では車体の角度を調節することが可能となったため、時速270キロのままでカーブに入れるようになったそうです。

「それから？」とさらに聞いてみたところ、「カーブ地点での減速が解消されたので、東京―大阪間で5分間の時間短縮に結びついた」という話を教えてくれました。

「たかが5分間」と思わないでください。高速で走行する新幹線の世界では、5分の時間短縮は、すごいことなのですよ！

このように、関心のあることは、何でも深く考えていくことができますし、いくらでも質問したくなります（「引き出し」がいくらでも自然と受け入れる状態になっているので、本質を知ることができるのです）。

「カーブに時速270キロで入れます」と言われて、「へぇ、そうなんだ」と、思考を停止したらダメです。「何か理由があるはずだ」と思わなければなりません。

ちなみに、台湾で700系の改良型の700T系に乗りましたが、時速300キロで走っていました。こちらは、たぶん線路が良いから300キロの速度で走行できるのだと思います。それに静かです。

繰り返しますが、思考力を深めていくためのキーワードは、「なぜ？」「ほんとう？」「それから？」です。

「なぜ？」「ほんとう？」「それから？」で、次々と思考を深めていき、「What」（現象）を掘り下げていけば、「Why」（本質）へとつながっていくのです。

これは、人との会話だけでなく、自分の頭の中で思いついたことでも同じです。**「なぜ？」「ほんとう？」「それから？」と自問してみてください。**とにかく、思考を止めないことが大事です。

思考を深めるためには、普段からの訓練あるのみです。まずは本質をつかむためのキーワード、「なぜ？」「ほんとう？」「それから？」を人との会話や会議などで使うところからはじめてください。

あなたの頭の中にある「引き出し」がさらに整理され、他の情報や事柄と関連づけられるようになります。

「What」を掘り下げて「Why」にたどり着く

ビジネスの話に戻しましょう。

最近、ある会社の取締役会に出席したときに、こんなことがありました。一部門を担当する部長が「××営業所の売上が悪い」という報告をしました。「売上が悪い」という問題（What）が提起されたわけです。

私はすかさず、「その原因は何ですか？」と質問しました。大切なのは、現象

思考を深める3つの言葉

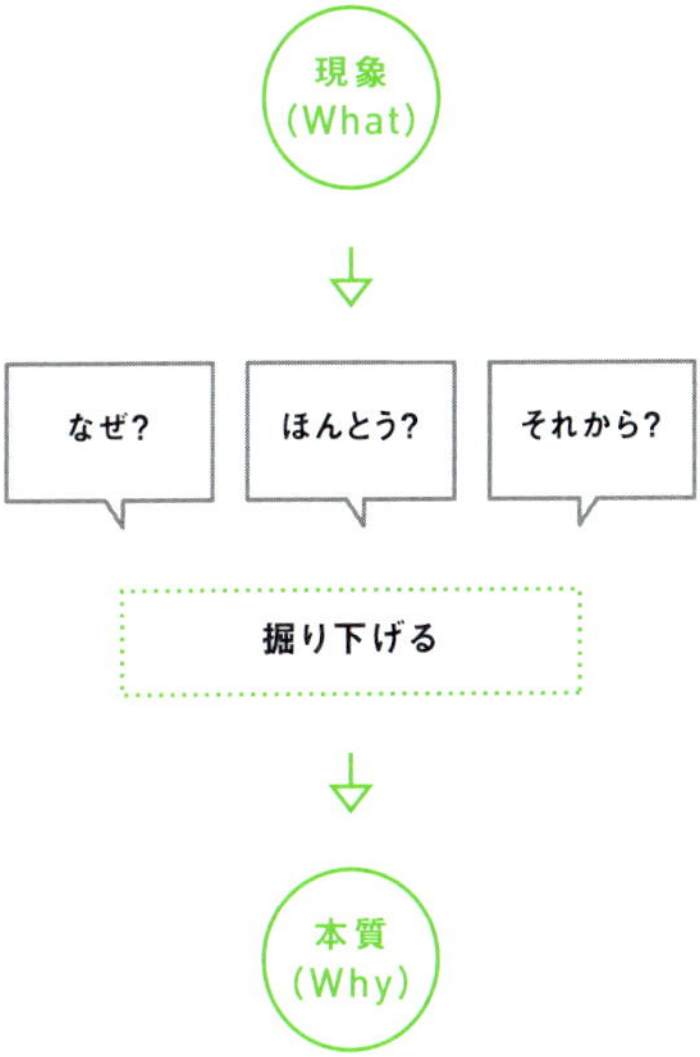

POINT

「なぜ?」「ほんとう?」「それから?」と
問いかけると、本質に近づける

の原因（Ｗｈｙ）を知ることです。

すると、部長は「○○製品の売上が悪いからです」と答えました。彼は、それが根本的な問題だと考えたようです。

私が黙っているので、彼もバツが悪くなり、「来月は頑張ります！」と努めて明るく答えましたが、私が欲しいのは「頑張る」といった漠然とした答えではなく、本当の原因です。

このままでは、らちが明かないので、ヒントをあげました。

「同地域で活動している同業他社の、同じような商品の状況はどうですか？」

つまり、他社の同じような商品が同一地域で売れていないのなら、その地域の経済状況などの「外部環境要因」が影響していることになります。

もし、同業他社の同じような商品が売上を落としていないのなら、「内部環境要因」が影響していることになります。その場合は、商品の価格、お客さまへの訪問回数、組織や人員、あるいは内部のコミュニケーションといったことに焦点を当てる必要があるのです。

言い方を換えると、その部長は、根本的な「Ｗｈｙ」まで掘り下げていなかったので、「頑張る」というような対応策（私にはもちろん、対応策には思えませんが）しかとれないのです。

「What」を掘り下げていくことで、「Why」が見つかることも少なくありません。先ほど説明した「なぜ？」「ほんとう？」「それから？」のキーワードを使ってみるのも有効です。

花王の商品がヒットする理由とは

ステップ2では、ツールを分解の道具として使いましたが、ツールを活用することで本質がわかりやすくなることもあります。

ここでは、**「プロダクト・ポートフォリオ・マネジメント（PPM）」**というツールを使って考えてみることにします。

PPMとは、市場の「成長率」を縦軸に、自社の「シェア」を横軸にした4つのマトリクスに、自社製品などをプロットするツールです。成長率は上が高く、下が低くなっています。シェアは、普通の図と少し違いますが、左が高く、右が低くなっています。

4つのマトリクスは、それぞれ次のように呼びます。

①成長率が高く、シェアが低い領域→**「？（クエスチョンマーク）」**
②成長率が高く、シェアも高い領域→**「☆（スター）」**
③成長率が低く、シェアが高い領域→**「金のなる木」**
④成長率が低く、シェアも低い領域→**「負け犬」**

洗剤やトイレタリー用品、化粧品、食品などの分野でヒット商品を飛ばす「花王」を例に、ＰＰＭを使って本質に迫ってみましょう。

花王の基本的な考え方は、「自分たちで開発したコア技術を活かした製品を市場に投入する」というものです。

とくに花王が強いのは、油脂技術や界面活性技術、そして香料です。その得意なコア技術を他部門、新規部門に応用し、新製品を開発して新規市場に参入しているのです。

具体的に言えば、「ヘルシア緑茶」やシャンプーの「アジエンス」は香料を活

プロダクト・ポートフォリオ・マネジメントとは

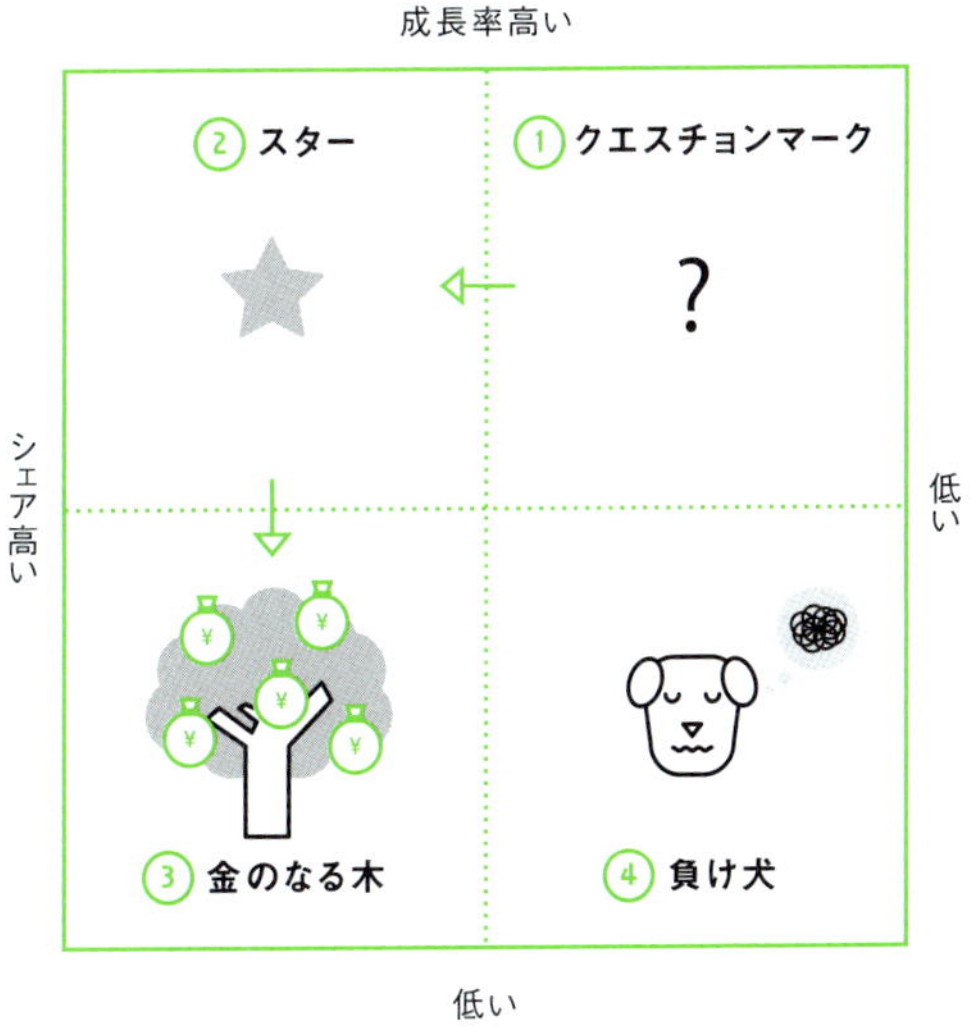

POINT

「クエスチョンマーク」→「スター」→「金のなる木」の順番で商品を育てる

用した商品です。

こうした新製品を、ＰＰＭで言うと、最初は成長性の高い分野である「？（クエスチョンマーク）」に投入するわけです。

そして、広告をはじめとするマーケティング戦略によって「☆（スター）」へと成長させていきます。

「ヘルシア緑茶」の場合は、中年男性がターゲットでした。コンビニを流通の中心に置き、独特の味とあえて少し高めの価格戦略をとったのが成功しました。マーケティングの「5つのP」の「プライス（価格）」と「プレース（流通）」です。覚えていますか？

花王は、自社独自のコア技術を活用して新製品をつくるので、他社はなかなかまねすることができません。

市場での成長率が落ちると、「☆」の商品は「金のなる木」となります。この段階では、以前ほどの広告宣伝費などはかからないため、多額のキャッシュ・フローを生むことになるわけです。

こうして「金のなる木」で生んだキャッシュ・フローを、さらに新製品開発に回し、新たな「?」、ひいては「☆」をつくり出すという循環をつくっているのです。

つまり、花王はコア技術を活かして、「?」→「☆」→「金のなる木」の順に商品を育て、さらに新しい「?」「☆」を生み出している、ということがわかります。

このように「PPM」というツールを使って当てはめてみると、本質に迫りやすくなるのです。

STEP3

本質

2

セブン-イレブンはなぜコンビニでトップなのか？

セブン-イレブンと他のコンビニの違い

ここからは、さらに事例を仮説検証しながら、本質に迫るトレーニングをしていきましょう。

ステップ0で、コンビニの話をしたのを覚えていますか？

ここでは、コンビニ業界からつかむことができる本質の話をします。頭の中の「引き出し」をより深めていくことができますよ。

いまや日本中、どこにでもコンビニがあります。皆さん、コンビニ業界の売上順位を知っていますか？

「トップがセブン-イレブンだ」ということくらいはご存じかもしれません。

それでは、売上高のシェアの数字はわかりますか？

これは，正確に答えられる人は少ないかもしれませんね。

答えは、1位のセブン‐イレブンが36・5％、続いてローソンが20・8％、ファミリーマートが17・8％、サークルＫサンクスが11・4％、ミニストップが４・０％。ここまでの上位５社で、全体の約90％のシェアを占めています（２０１１年2月現在)。

どうですか？　皆さんが思っていたより、セブン‐イレブンのシェアが高かったのではないでしょうか？

さらに、コンビニ業界のシェアの数字に、別の数字を組み合わせてみましょう。

セブン‐イレブンの店舗数は、国内で約１万２０００軒。店舗平均の１日の売上は約60万円です。

一方、業界2位のローソンの店舗数が約８６００軒。店舗平均の売上は１日約50万円です。

さあ、この数字からどのように「セブンイレブンはなぜコンビニでトップなのか？」という仮説の検証を進めていきますか？

店舗数が3400軒も違うから、売上高のシェアに大きな差があっても不思議ではない？　たしかに、店舗数が違うことも売上高のシェアに関係しているかもしれません。

しかし、ここで見るべきポイントは、**1店舗当たりの売上**です。

同じ業態でありながら、店舗の売上が1日に2割も違うというのは、すごいことです。1日に2割ですよ。

こうして、数字を使った仮説検証をするだけでも、数あるコンビニの中で、セブン‐イレブンが、なぜ業界トップを維持し続けているのか、その「本質」に近づくことができます。

仮説のキーワードは「徹底」

私がセブン‐イレブンの本質について立てた仮説のキーワードは**「徹底」**です。

これは、ある本を読んでわかったことです。その業界やビジネスに詳しい人が書いた書物から「本質」を見出すカギを読みとれることも少なくありません。

私が読んだのは、セブン‐イレブンの会長である鈴木敏文さんが書かれた『商売の原点』（講談社）という本でした。

その冒頭には、「セブン‐イレブンは次の4つのことを大原則にしています」という趣旨のことが書いてありました。

4つの大原則とは、「品ぞろえ」「鮮度」「クリンリネス（清潔）」「フレンドリーサービス」です。

それを読んだときに、私は「さすがだな」と思いました。そして、「徹底」がキーワードだということがわかったのです。

なぜでしょうか？

「品ぞろえ」「鮮度」「クリンリネス」「フレンドリーサービス」というのは、セブン‐イレブンに来るお客さまだけが求めているものではありません。すべてのコンビニに来られるお客さまが求めるものです。

この4つは、すべてのコンビニに当てはまる「成功」のキーワードです。この「成功」のキーワードを実践すれば、ローソンだってファミリーマートだって、売上が上がることは、コンビニ業界にいる人ならみんな知っているはずです。

それでも、**「徹底」できないから、差が出てくる**のではないでしょうか？

だから、他店では、毎日1店舗当たりの売上がセブン‐イレブンと2割も違う。よそのコンビニは、1日の売上が50万円をなかなか超えません。セブン‐イレブンに追いつくことができないのです。

「徹底」の差。これが私の仮説です。この仮説を持っているから、コンビニに行ったときに、そういう視点で店内の様子などを見ることができます。

仮説検証の繰り返しで「本質」に迫る

今は、どのコンビニにもコンピューターシステムが導入され、POSデータを各社とも、それこそ完璧に近い状態で分析して使っています。

もうコンビニ業界も30年以上の歴史があるので、統計データとしては各社ともほぼ完璧に近いデータを持っていて、それほど大きな差はないでしょう。

たとえば、「昨年の何月何日に気温が何℃だったから、今年はこの商品はこの店でこれくらい売れるだろう」と予測することができます。

だから、理論的には品切れは起こらないはずです。でも品切れはあります。

そして、ステップ1で述べた「値札があって空いている棚を見る」という私の観察（これも「引き出し」のひとつです。実際に足で情報を得ることも大切です）の結果、セブン‐イレブンの店舗は他店に比べて品切れが少ないと、私は感じています。

ここでまた、次の「Ｗｈａｔ」です。

なぜ、品切れが起きるコンビニと起きないコンビニがあるのでしょうか？

品切れとは、コンビニの棚で値札がかかっているのに品物がない状態のことをいいます。品切れの商品は、決して売れないというわけではありません。売れ筋の商品が売れるから品切れになるのです。

これは、商売上、とてももったいないことですよね。本当は売れる商品なのに、商品がない。つまり、「売り逃し」の状態だからです。

品切れが起こるのには、2つの要因があると見ています。

ひとつは**商品が入れ替わること**。コンビニは1週間売れないと商品を替えてしまいますから、新商品についてはまだ統計データがありません。

もうひとつが、**商品補充が「徹底」されていないこと**です。

先ほど紹介した『商売の原点』にも書いてありましたが、どの店も、どの会社も、「売上」はデータでわかります。しかし、「売り逃し」はデータではわかりません。

売り逃しを減らす最大の方法は、当たり前ですが、商品が常にあることです。ということは、売れ筋商品をいかに的確に補充するかということが、品切れを起こさないためのポイントです。

売れるべき商品をきちんと売るコンビニと、売れるべき商品が品切れで売り損じてしまうコンビニ。

当たり前のことを当たり前としてできるかどうかが、1日2割の売上の差を生んでいる、というのが私の仮説です。

セブン-イレブンが業界トップを維持できる「本質」

「徹底」の差は、こんなところにも見ることができます。

たとえば、「今日、近くの学校でPTAの会合があるらしい」と耳にしたときに、「じゃあ、お母さんは学校に行かないといけないから、ご飯をつくっている暇がないはずだ。だから総菜や弁当が売れるだろう」と気を回して、弁当の仕入れ数を増やすという気配りができるかどうか。

「午後から雨が降るかもしれない」という日に、傘をお客さまから見えやすい場所に置く。店の前の灰皿をこまめに清掃している。茶髪の派手な人を雇わないなど……。そうした、ほんのちょっとした「こまめさ」を、セブン‐イレブンが地道に「徹底」しているからこそ、他社との売上が2割違うのではないでしょうか。

本当に、ちょっとしたことなのですが、その「徹底」の度合いが他のコンビニとは違うのです。

ビジネスは、細かいことの「積み重ね」なのです。そのちょっとしたことを徹底して積み重ねていると、売上が2割違ってくる。

小さなことも積み重ねると大きな違いになるのです。小さなことを、本当に徹底してやっているのが、業界トップであるセブン‐イレブンの強みであり、本質なのではないでしょうか。

以上をまとめると、私は「なぜセブン‐イレブンはなぜコンビニでトップなのか?」ということの本質をつかむために、「品切れを減らす努力を徹底しているのではないか?」などと、〝徹底〟という言葉を仮説のキーワードとしました。

そして、「品ぞろえ」「鮮度」「クリンリネス」「フレンドリーサービス」といった視点に分解し、それをさらに具体化した「品切れの棚」「傘の置き場所」「灰皿」「茶髪」といったポイントで店を見たのです。そうすると見えてくるものがあります。

このように、本質にたどり着くには、**「仮説」を立てたうえで、「関心を持つ」↓「事実を正しくとらえる」↓「検証する」というステップを丁寧に積み重ねていくことがポイント**です。

セブン-イレブンの強さとは

セブン-イレブンが大事にする4つの大原則

[品ぞろえ]
「売り逃し」をしない商品補充

[鮮度]
雨が降りそうな日に、傘を目立つ場所に置く

[クリンリネス]
店舗前の灰皿の清掃

[フレンドリーサービス]
茶髪の派手な店員を雇っていない

↓

徹底

↓

他のコンビニチェーンと
1日2割の売上差

POINT

セブン-イレブンと他のコンビニでは「徹底」具合に大きな差がある

STEP3

本質

3 「米国でアコードが年間40万台売れていた」これってすごい？　すごくない？

数字を関連づけて「本質」に迫る

以前、米国ではホンダの自動車「アコード」が年間約40万台売れていました。この数字がすごいのか、すごくないのか、わかりますか？

「40万台というと、何となくすごそう？」

「米国の国土の広さからしたらすごくないかも？」

本書をここまで読み進めてくださった方なら、こういう「印象」にすぎない返答は出てこないと思います。

年間40万台という数字のほかに、何を知る必要があると思いますか？　もう少しこの周辺の数字が必要ですね。

そうです！　数字や情報、ツールなど頭の中の「引き出し」を使って、現象を正しくとらえることからスタートしましょう。

米国で「アコード」が年間40万台売れていた。

それならば、日本の自動車販売台数は、年間どのくらいなのでしょうか？

2010年度の1年間に、日本で販売された新車の台数は460万台です。この数字と比較すれば、米国でアコード1車種で40万台売れるのはすごいということがわかりますよね。

頭の中の「引き出し」に、あるデータが入っていれば、別のデータと関連づけることができ、数字があらわしている意味がわかります。つまり、インプットされた「What」と他の「引き出し」を関連づけてみることが大切です。

アコードが40万台売れているという「What」と、日本国内の車の販売台数という数字の「引き出し」を関連づけられたから、事実をとらえることができたのです。

「関連づけ」は、本質をつかむための基本テクニックのひとつです。

このケースでは、日本全体の車の販売台数という「引き出し」をすでに持っていて、関連づけることができたから、本質が見えたと言えます。

あとで詳しく述べますが、関連づけは、次のステップ4「『ひらめき』を生み出す！」こととおおいに関係があります。「ひらめき」とは、ひとつの「引き出し」に入ったインプットを他の「引き出し」と関連づけることだからです。

ここでは米国のミクロの数字と日本のマクロの数字を関連づけました。

ミクロの数字とマクロの数字、同業他社の実績などのデータを、頭の中の「引き出し」から引っ張り出して関連づけることで「ひらめき」を得たり、本質を知ることができるのです。

別の「引き出し」を開けてみる

ここで思考を停止してはいけません。もっと「Ｗｈａｔ」を深めていきましょう。**「では、米国では、車がどれくらい売れているの？」**という新たな「Ｗｈａｔ」を考えてみます。

数字を調べてみると、米国では以前、1年間に1600万台の車が売れていましたが、景気後退もあり、現状では1300万台ほどです。日本が460万台ですから、それでも3倍弱くらい売れているわけです。

次に、**「米国の人口は日本と比較して、どのくらい違うのか?」**という「What」を知りたいという思いが生まれます。そうしたら、別の「引き出し」を開けるのです。もし、そこに中身がなければ、調べて入れればよいのです。

日本の人口は約1億2500万人です。米国の人口はちょうど3億人を超えたところなので、日本の2・4倍ですね。

でも、車は3倍近く売れているということは、米国人のほうが車の所有率が高いということでしょう（もっと具体的に言えば、米国人は約23人に1台、日本人は約27人に1台の割合です）。

「米国は自動車の国だ」とよく言いますよね。でもそれは、このようなデータの裏づけによる仮説検証があって、はじめて本当にそうだと言えるのです。

同じように、アコードの米国での販売台数を聞いたときにも、日本、米国の車の総販売台数（数字は、毎週月曜日の『日本経済新聞』の「景気指標」に載っています。米国の新車販売台数は3週間に1度）を別の「引き出し」から取り出してくる。さらに、人口の数字なども別の「引き出し」から持ってくると、「本質」や「ひらめき」が得られることになります。

このように、**アコードの販売台数からはじまって、米国の人口という大きな数字まで関連づけると、より正確に事実をとらえることができる**のです。

たとえば、多くの人は、ロサンゼルスへ行って片側5車線の高速道路を見ただけで、「米国は本当に自動車の国だ」と言います。人は見た目の感覚にだまされますからね。

たしかに感覚的には正しいと言えます。でも、ひょっとしたらロサンゼルスのその地域だけが、すごく車が走っている可能性もあるわけです。

「引き出し」の中に正確な数字があれば、「米国全土がそうなんだ」ということがわかります。ここが大事なポイントです。

「Why」を深めれば「本質」が見えてくる

「アコードの40万台がすごい」という「What」については、さまざまな数字を使って比較検討することで、事実としてとらえることができました。

しかし、まだ思考を停止してはいけません。次の段階に結びつけ、本質を探ることが、深い思考力には必要です。


「なぜ、1車種が大量に売れることがそんなにすごいことなのか?」


この仮説について、もう少し思考を深めていきましょう。

製造業というのは本来、大量生産したほうが儲かります。なぜだかわかりますか?

製造業では、設備投資の固定費が多額にかかる場合が多く、その償却が必要だからです(損益分岐点分析〈CVP分析〉を勉強すればよくわかります)。

しかし、自動車の製造に関しては、ほとんどが少量多品種生産です。

私はある自動車部品メーカーの非常勤の役員をさせてもらっているので「事実」として知っているのですが、自動車は部品ごとに製造ラインが違います。ひとつのラインを、何億円もかけてつくるのです。

そして、それを償却しなければいけないわけです。ひとつの製造ラインを、1万台で償却するのか40万台で償却するのかでは、1台当たりの償却コストが全然変わってくるので、儲けも格段に違います。

だから、米国で1車種だけで40万台も製造できるアコードは、ホンダにとっても自動車部品メーカーにとっても、「こんなに良い商品はない」ということになるわけです。

私は、経営コンサルタントですし、会計大学院で管理会計や原価管理、経営分析を教えていたことがありますので、経営のフレームワークを勉強して知っています。

だから、自動車メーカーや部品メーカーのような、設備投資に多額を要する業界では、「1回の設備投資でどれだけたくさんつくれるか」によって利益率や利益額が大きく変わることを理解しています。

ですから、「年間に1車種で40万台売れるというのは経営的に有利だ」と考えることができたわけです。

このように、さまざまな仮説を展開するために、いくつかの自分の頭の中にある「引き出し」を開けてみることによって、また違った視点から物事の本質に迫

「アコード」の40万台はすごいのか？

現象

米国では「アコード」が
年間約40万台売れていた

日本の自動車
販売台数は？

米国では、車が
どれくらい売れている？

米国と日本の人口は
どのくらい違うの？

事実や本質を
正確につかめる

POINT

別の「引き出し」を開けて関連づけていくと、
「本質」に迫ることができる

ることができます。

つまり、**データやツール（フレームワーク）などの「What」を蓄える「引き出し」が充実すれば、「Why」に展開し、より早く本質が見つけられるのです。**

どんな現象でも思考力のベースは同じ

人生についても、経営戦略についても、私は非常に細かい話をします。考えようによっては、ちょっとオタク的とも言えるかもしれません。

なぜ細かくなるのかというと、ステップ1で説明したとおり、私にはすべての現象を事実として正しくとらえたいという習性があるからです。

マーケティングをツールという道具で分解したり、経済をマクロとミクロの数字の「引き出し」を組み合わせて具体化したりすることが、私の思考力の前提なのです。

つまり、どんな現象でも、常にできるだけ具体化して、その本質を知りたいと考える習慣があるのです。

どんな現象でも、思考のベースは一緒です。

思考力のステップは、省略したり、スキップしたりすることはできません。

「Ｗｈａｔ」を正確に知り、さらに掘り下げ、「Ｗｈｙ」に結びつけるのです。

つまり、感覚でとらえた「Ｗｈａｔ」をそのままにせず、事実にまで掘り下げて正しくとらえる。そして「なぜ？」「ほんとう？」「それから？」のキーワードを使って、「Ｗｈａｔ」から「Ｗｈｙ」へ思考を深めていく。

すると、「Ｗｈｙ」（本質）をつかんだり、問題を解決したりすることができるのです。もちろん、仕事や人生に活かすこともできます。

皆さんも、すでに気づいていると思いますが、本質に迫ろうとする過程で、さまざまな「ひらめき」が出てきましたね。これは、「Ｗｈａｔ」を深めていく際に、他の「引き出し」が開くからです。

ステップ４では、意識的に「ひらめき」を得るためのトレーニングをしていきましょう。

STEP

0
思考スイッチ

1
現象

2
仮説検証

3
本質

4
ひらめき

「ひらめき」を生み出す！

「引き出し」を関連づけよう

「ひらめき」とは、ひとつの「引き出し」に情報がインプットされたら、他の「引き出し」が開くこと。

「ひらめき」とは、いわば「思考の展開」です。

もちろん、近い分野で、どんどん思考が展開していくのも「ひらめき」ですが、新しく開いた「引き出し」が、元の「引き出し」とまったく違う分野なら、「ひらめき」の度合いがより大きくなります。

どのように頭の中の「引き出し」を効果的に関連づけていけばよいかを考えていきましょう。

STEP4

ひらめき

1 日本のGDPを知っているか？

ミクロとマクロの視点を組み合わせる

頭の中の「引き出し」には、数字や情報、経験、ツールなどがストックされています。たくさんの「引き出し」の中から、どれを開けて、どう使うかで、あなたの思考力のレベルが決まるのです。

ある「引き出し」と別の「引き出し」を組み合わせることで思考が展開し、さらに思考が深まっていきます。

思いもつかなかったことと関連づけができれば、「ひらめき」が生み出されるかもしれません。「引き出し」の数が増え、その中身が充実するほど、他の人と違った思考力を持つことができるのです。

たとえば、私は数字を読むとき、**「ミクロ」と「マクロ」という対極的な視点を組み合わせて考える**ことがあります。

私は、経営コンサルタントという立場でお客さまの会社の業績を見ていますから、会社の数字にはとても興味があります。

一方、先にお話ししたように、私は日本のマクロ経済の統計を、毎週月曜日の『日本経済新聞』に掲載されている「景気指標」で欠かさずチェックしています。これは、毎週更新される私の「引き出し」のひとつです。

なぜなら、私は顧客企業から、「マクロ経済は、この先どうなるのか？」という質問を受けることがたびたびあるからです（マクロの動向だけをアドバイスしている企業もあります）。

また、個別企業の業績の集積がマクロ経済という面もありますから、そういう意味でもマクロ経済に強い興味を持っています。

つまり、マクロの視点と、個別の企業というミクロの視点、両方を持っているということです。

ミクロとマクロの「引き出し」、その両方を組み合わせれば、より説得力のあるコンサルティングができますし、また新しい気づきがあったりするのです。

最初はひとつの「引き出し」でもOK

企業の経営者のような立場にある人で、自社の数字、業界の数字をまったく知らない人はいないでしょう。当然関心がありますから、その数字を頭の「引き出し」に入れています。

しかし、日本のマクロの統計を知らない経営者は、少なからずいます。日本のGDP（国内総生産）を知らなくても、現実的に困ることはまずないからです。しかし、そこからもう一歩進んで、ミクロの数字を、マクロの数字と組み合わせることができれば、思考力を深められます。

日本の「マクロ経済」がおかしくなると、「企業」もおかしくなる。さらに、「企業」がおかしくなると、そこで働いている「人」もおかしくなります。

逆の見方をすると、「企業」で働いている「人」がしっかり働いてくれないと、「企業」が良くならないし、「企業」が良くならないと、「マクロ経済」は良くなりません。

経済を見る「マクロ」の視点と、経済を支えている企業を見る「ミクロ」の視点、企業で働く人に関する「さらにミクロ」の視点は関連し合っているのです。

また、マクロの「先読み」ができれば、企業経営をするうえでおおいに有利だと言えるでしょう。

私にとっては、**「マクロ経済」「企業」「企業で働く人」の3つを同じ関心レベルで、組み合わせて考えることに意味があります。**これは、コンサルタントとして必要な「引き出し」の組み合わせなのです。

マクロ経済の数字をいろいろと関連づけて考えることが、私にとって「論理的思考力」や「ひらめき」を向上させるトレーニングとして、おおいに役立っていることは間違いありません。時々刻々と変わっていく経済のことを考えるのは、脳への刺激となります。

最初は、ひとつの「引き出し」、つまり「点」のままでかまいません。

いったん「引き出し」に分類された事実が貯まってくると、事実同士が結びついてきます。

なにげなく「引き出し」に入っていた事実が、思いがけない別の事実と論理的に関連づけられることで、新たな「Ｗｈａｔ」が生み出されたりします。そして、本質を見つける「Ｗｈｙ」につながったりもします。

関心の連鎖が広がれば、思考力がさらに加速度的に深まることでしょう。それが「ひらめき」にもつながります。

点を線に、線を面に、面を立体にする方法

繰り返しになりますが、私は毎朝、『日本経済新聞』をかなり熱心に読んでいます。関心のある「Ｗｈａｔ」は自然と、頭の中の「引き出し」に入ってきます。あらかじめ知識があればあるほど、「引き出し」に新しいインプットがされやすくなります。

「新聞を読んで、関心のある情報や数字を『引き出し』に入れる」という行動を積み重ねていくと、思考のベースができてくるのです。とくに、継続してマクロ経済や企業業績などの数字を読んでいると、ベタ記事のような小さい記事から大きい記事まで、短時間で全部チェックできるようになります。

マクロとミクロを同じ関心レベルで組み合わせる

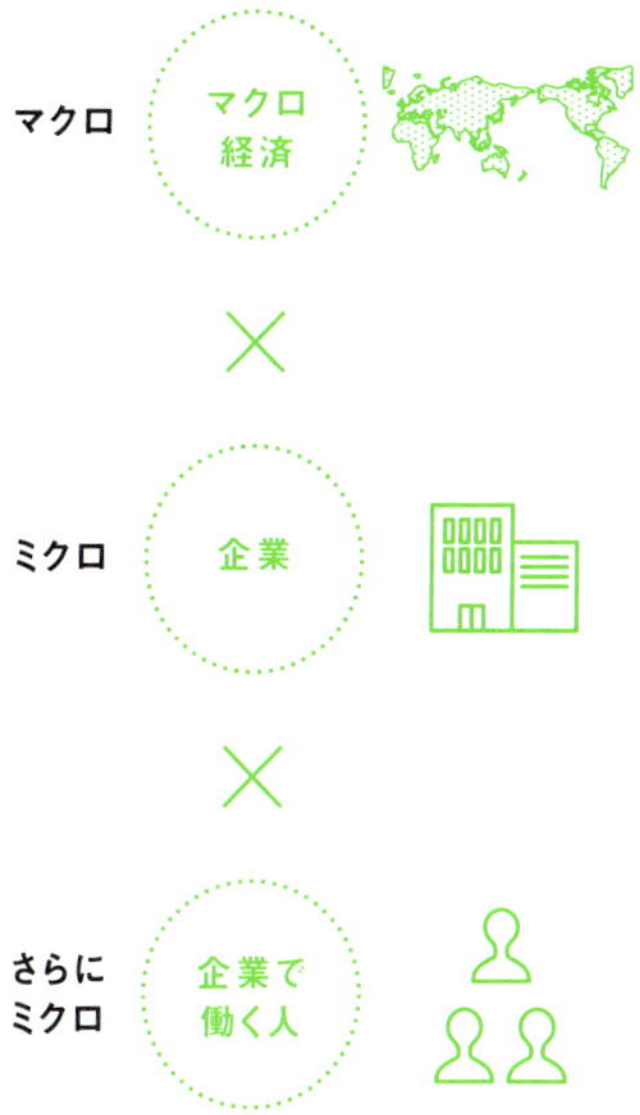

POINT

マクロとミクロの視点を組み合わせて考えると
「ひらめき」が生まれやすい

マクロ経済でも会計でも、定義やあらかたの数字を知っていれば、新しいインプットが「引き出し」に入りやすくなるとともに、「引き出し」の中もきちんと整理・整頓されるので、世の中が深く見えるのです。基礎は知っているわけですから、あとは、関心のあるところだけをうまく拾っていけばいいのです。

これを繰り返していると、いろいろな「引き出し」を関連づけることができます。だから、最初はひとつの「点」でしかなかったものが、そのうちにつながって「線」となり、さらに「線」がつながって「面」となって、**最後には「立体」的に物事を考えることができる**ようになります。

こうして「引き出し」をつなげるためには、これまで説明してきたように「引き出し」の数を増やし、その中身の量・質を充実させ、整理・整頓する、といった毎日の努力や習慣が欠かせないのです。

数字から思考を広げていく

次に、マクロ経済の数字の中から、私が興味を持っているデータを見ていきながら、私なりの思考の広げ方を説明していきたいと思います。

「点→線→面→立体」と思考力を深めていく

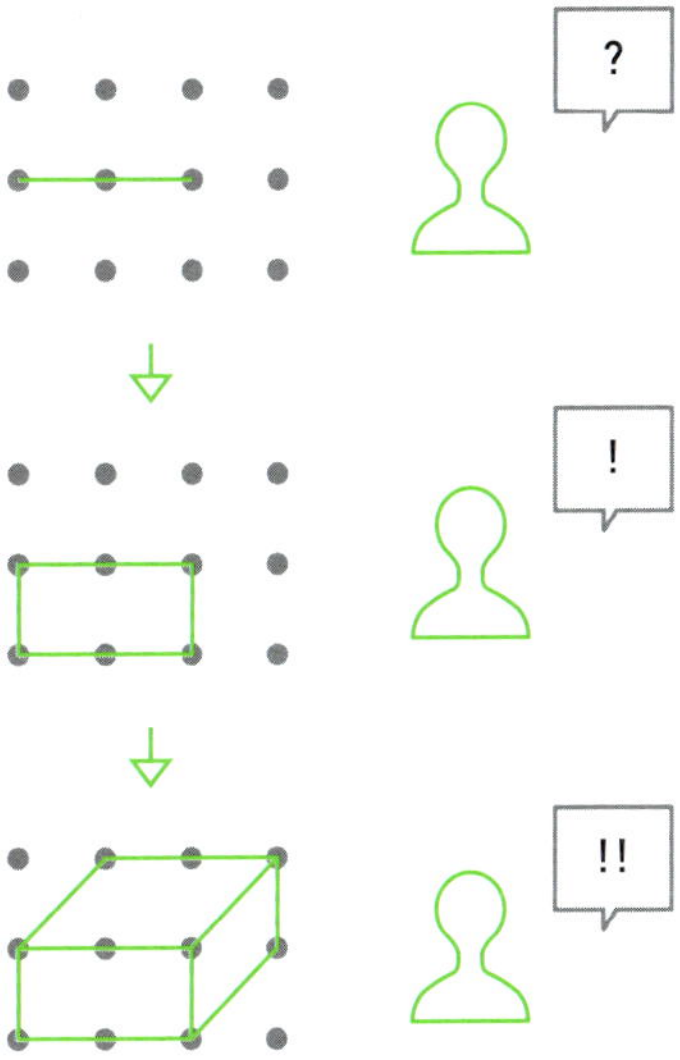

POINT

「引き出し」をつなげるには、「引き出し」の充実や整理・整頓など日々の努力が不可欠まず私が興味を持っているのは、「米国の個人消費が、この先どれだけ落ちるのか?」ということです。

米国のGDPは約14兆ドルで、世界のGDPの約4分の1を占めます。その米国のGDPの70%を支えているのが個人消費なのです。つまり、世界のGDPの約18%は、米国の個人消費にかかっています。

この個人消費は、米国の〝膨大な〟貿易赤字とおおいに関係があります。〝膨大〟と漠然とした表現をしましたが、このところ年間6000億ドル強（約46兆円）という額にのぼっています。


ここまでの話を読んで、皆さん何を思いましたか?

何と関連づけて考えましたか?

そう、**何かインプットがあったときに、「何を思うか」が大切**なのです。

これが他の「引き出し」を開くことができるかどうかの、ひとつの大きなキーポイントとなります。

あなたは、ここまでの話を読んで何を思いましたか?

いろいろなことを思ったかもしれませんが、「米国の６０００億ドルという貿易赤字の数字が、他国と比較して、どれくらい大きいか（あるいは小さいか）」ということを考えた人が多かったのではないでしょうか。

私が、先ほどの話の中で〝膨大な〟という言葉でわざと漠然と書いたのは、皆さんに〝膨大〟という印象を与えるための作戦でした（スミマセン）。

〝膨大〟という言葉から、皆さんは「きっと大きいんだろうな」と印象づけられたはずです。そのあと、「６０００億ドル」という数字で具体化されたとき、「やっぱり大きいんだな」と、ある種「安心」しませんでしたか？

安心した人は、まんまと私の作戦に引っかかったことになります。たしかに数字は「具体化」されていますが、その数字がどういう意味やインパクトがあるかを考えないといけないのです。

そこで、「本当に他国と比べて大きいのか？」「あるいは小さいのか？」ということを考えなければいけません。そう、何回も説明したとおり、印象に惑わされてはいけないのです。

日本は貿易黒字国ですが、近年はだいたい年間７００億ドル弱（約５兆円）の貿易黒字です。

なお、中国は2010年で約1800億ドル（14兆円）の貿易黒字国です（日本と中国の貿易黒字額を、少しの間でいいですから覚えておいてください）。

これらの数字を比較すると、**米国の貿易赤字がいかに巨大かということがわかります。**

一方、日本の米国に対する貿易黒字額は、年間600億ドル、中国の対米黒字額が約2000億ドル程度です。ですから、（先ほど覚えていただいた）日本、中国の全世界に対する貿易黒字額は、米国への黒字額とほぼ一致することもわかります。

ちなみに、これらの数字は、毎週月曜日の『日本経済新聞』の「景気指標」に出ています。中国の数字は3週間に1度です。もちろん、記事の中に出ていることもあります。

意識して「引き出し」を開こう

話を続けましょう。

もし、米国の個人消費が減れば、当然、貿易赤字も縮小の方向に向かいます。ということは、日本、中国の貿易黒字額が減るわけですから、貿易黒字で経済成長を支えてきた両国の経済に少なからず影響が出ると考えられるのです。

ここから先も、日米両国の経済や個別の業界のことなど、どんどん話は展開できますが、本書のテーマは経済情勢を分析することではなく、思考力のトレーニングなのでこのあたりでやめておきます。

大切なことは、次のようにストーリーを展開していることです。

「米国の個人消費」
↓
「米国の貿易赤字」
↓
「日本、中国の貿易黒字」
↓
「日本、中国の経済」

「点」の状態でしかなかった「引き出し」同士がつながって「線」となり、さらに思考を深めていけば、線と線がつながって「面」になります。

もっと思考を深めていけば、米国のみならず日本、中国の経済という「立体」像が見えてくるでしょう。

つまり、「引き出し」をどんどん開いていっているわけですが、**最初のうちは「引き出し」を開こうと意識的にならなければいけません。**そして「引き出し」の中身が充実すればするほど、お互いの「引き出し」が自然と開いて関連づけられる（＝ひらめく）ようになるのです。

思考を展開して「ひらめき」を得るためには、**「関連することを知ろう」**という意識が重要なのです。

もちろん、知ろうと思った他の「引き出し」に中身がなければ、それを調べればよいのですが、「引き出し」の中に、フレッシュな「Ｗｈａｔ」がもともと入っていればいるほど、そちらのほうからも、「関連づけてほしい」「ひらめきたい」という働きかけがあり、余計にひらめきやすくなると言えます。

ですから、ステップ１～２で説明した「引き出し」の量・質の充実や、整理・

整頓が重要というわけです。

良質な「引き出し」を持っていればいるほど、思考の関連づけができ、ひらめきやすくなるのです。

思考を止めてはいけない

もう少しトレーニングをしておきましょう。

今、米国の個人消費に関する「引き出し」が、皆さんの頭の中にできたと思います。

それでは、皆さんなら次に何を知りたいですか？

どのように思考を広げていきますか？

ここが大切なポイントです。思考を止めてはいけないのです。**関連することを知ろうとする習慣が大切**です。

たとえば、日本の個人消費の伸び（「消費支出2人以上世帯」という項目で『日本経済新聞』の「景気指標」に載っています）を調べれば、日米の差にがくぜんとするでしょう。日本でもGDPの56％を支えているのが家計の支出だからです。

ちなみに、この家計の支出の数字は、月曜日の『日本経済新聞』の国内の「景気指標」の3段目に掲載されています。同じ段には、そのほかに「雇用」「消費」の数字が多く載っています。

それらを見て、数字を関連づける訓練をしてください。

普段からのインプットが「関連思考」を生む

もう少し、数字を使って思考の関連づけの話をしましょう（私は数字大好き人間です）。

少し前の話ですが、『日本経済新聞』の「景気指標」に掲載されている米国の貯蓄率が、2008年5月に5・0%と一気に上がりました。ずっとゼロ前後か、マイナスだったのに、いきなり5・0%です。異常値の「What」ですね。

毎月の数字を20年以上ずっと見ているので、異常だということにすぐ気がつきました（「貯蓄率」の数字は3週間に1度『日本経済新聞』に載ります）。

異常値が出たら、「なぜ？」と思わないといけません。

その答えは、私の頭の他の「引き出し」の中にありました。それは、「貯蓄率」が掲載されるより少し前に、新聞の国際面に出ていた記事です。

米国では、ちょうど2008年5月から減税がはじまりました。そのとき、とられた方法が、「各家庭に500ドルの小切手（子どものいる家には1人当たりプラス200ドル）を送る」という対策でした。国民はすぐに小切手を換金して預金勘定に入れたために、貯蓄率が急激に上がったというわけです。

だから、「5・0％という数字は一時的な現象だな」とわかったのです。そして、「米国政府が小切手を配るのをやめたら、貯蓄率はまた下がるだろう」と予測ができたわけです。

これは、ひとつのインプットが他の「引き出し」を開いたからこそ、ひらめいた例です。普段から新聞を読んで、その情報が、「引き出し」に入っていたからできたのです。

つまり、『日本経済新聞』の「景気指標」欄の異常値という「Ｗｈａｔ」を見つけ、そこに「減税」という他の「引き出し」の「Ｗｈａｔ」が結びついたのです。

別に、「うーん」とうなりながら考えて、結びつけるわけではありません。直感的にそう思うのです。

それは先にも説明したように、普段「引き出し」にインプットされる際に、無理やり詰め込んでいるのではなく、強い関心から自然と「引き出し」に入っているからなのです。**自然にインプットした良質の情報を持っている「引き出し」は、自然に開くものです。**

逆に言えば、自然に「引き出し」が開くくらいに強い関心を持って物事を見て、「引き出し」に入れておく。そして、それをときどきリフレッシュすることです。

リフレッシュするには、定期的に関連するデータを更新することが必要です。だから、毎日新聞を読んだり、ニュースを見たりするのです。もちろん、メモも有効です。

そうすると、自然に頭の中の「引き出し」に中身が入り、常にリフレッシュされ、必要なときに「関連思考」が自然にできる。こうして「ひらめき」が生まれるのです。

これは、日常の仕事でも同じです。定例的な会議やお客さまとの面談、あるいは、街の定点観測でも、強い関心や興味、さらに仮説を持って臨むことで、「引き出しの充実」↓「関連思考」ができるようになるのです。

初心者のうちはノートを活用するのが有効です。

新聞の記事でも、会議や街で気づいたことでも、ノートに書く。それを続けていると、関心が高まり、正確な事実を得やすくなります。ステップ1で紹介した「経済日記」をつけたり、手帳にメモするのも効果的な方法でしょう。

STEP4

ひらめき

2 「調剤薬局を繁盛させたい」あなたならどうする？

調剤薬局の「差別化」方法とは？

最後に、ビジネスのテーマで「ひらめき」のトレーニングをやってみましょう。実際にあった事例です。これまでのステップで身につけた思考力を使って、皆さんもよく考えてみてください。

皆さんは調剤薬局を知っていますか？
病院や医院でもらった処方箋をもとに薬を出す薬局のことです。大きな病院のまわりには、それこそ「門前薬局」と言われるくらいたくさんの調剤薬局があり、場所によっては激しい競争を繰り広げています。

ところが、医療保険制度のもとで運営されていますから、薬や値段では他局との違いを出すことができず、応対などのサービスで差別化するしかありません。

ところで、調剤薬局に寄せられるいちばんのクレームは何か、知っていますか？

もちろん、「薬を間違う」というのは、人の命にかかわる大事故となりかねませんから、細心の注意を払っています。

もっとも多いクレームというのは、**「待たされる」**ことです。

病院で待たされることは、患者さんもある程度覚悟していると思いますが、病院で待たされたうえに、調剤薬局でも何十分も待たされるとなると、大きなクレームにつながることも少なくありません。

しかし、私のお客さまの中に、こうした患者さんの不満を逆手にとって、うまくやっている調剤薬局が地方都市にあります。

「ひらめき」がビジネスの成果を生み出す

その調剤薬局が、差別化のために何をやったのか、想像できますか？

発想を柔軟にして、少し考えてみてください。

実は、**調剤薬局の空きスペースで「100円ショップ」をはじめた**のです。待ち時間に100円ショップを見てもらう。それで気に入ったものがあれば、買ってもらうのです。

さらに、調剤薬局というのは、1人当たり数千円の粗利益がとれますから、数回来ていただいた患者さんには、100円ショップの商品をプレゼントすることもできます。

この調剤薬局の場合、**「まったく異なるビジネスと組み合わせる」という、ちょっとした「ひらめき」が差別化に結びつき、ビジネスを発展させた**のです（ちなみに、現在は100円ショップだったスペースをクリニックにしているので、もう100円ショップはやっていません）。

また、この調剤薬局は、タクシー会社とも提携しました。

なぜなら、薬局がある地方都市は、鉄道やバスの交通の便が悪いからです。とくにお年寄りの患者さんは、病院へ行くのには家族の出勤時などに車で送ってもらえますが、なかなか帰りの足を手配するのがむずかしい。一方、病院や薬局は午前中が混雑するのですが、タクシーは午前中が比較的ヒマな時間帯です。

そこで、タクシーを数台チャーターして、「市内なら無料で患者さんをお送りする」というサービスをはじめたところ、これが大好評となりました。数人の相乗りでチャーターするので、費用はそこそこに抑えることができます。

これも、他のビジネスと組み合わせることで、うまくやっている例です。

ちなみに、この調剤薬局は、小さなタクシー会社を買収しました。車をチャーターしやすくなっただけでなく、調剤薬局の名前のロゴを車体に大きく書いて街中を走り回るので、タクシーが広告塔の役割も果たしています。

それでは、最後の問題です。車で来る比較的若い調剤薬局のお客さまには、どんなサービスを提供すれば、喜ぶでしょうか？

この調剤薬局は、あるビジネスと提携することを考えたのですが、どんな方法でしょうか？

ご自分の思考力で考えてみてくださいね（答えは209ページ）。

皆さんも、普段から頭の中の「引き出し」を充実させておくことで、「ひらめき」を生み出すことができます。

仕事にかかわることや、目の前に現れたことで重要と思われる物事や情報は、ここまでお話ししてきた習慣や考え方を通じて、自分自身の「引き出し」の中できちんと整理していってください。何事も実践が大切です。

［207ページの答え］

この調剤薬局は、ガソリンスタンドと提携して、1リットル当たり数円程度の割引を行うことを考えました（費用はもちろん調剤薬局が負担しました）。

EPILOGUE

成功するための
「質の高い思考力」

思考には「価値観」というスクリーンが必要

この本を通じて、「論理的思考力」や「ひらめき」を得る方法を説明してきましたが、私の思考力にはもうひとつ、大事な要素があります。

それは、**私の思考には常に「価値観」というスクリーンがかかっている**、ということです。

良い仕事をするためには、質の高い思考力を持つことが必要です。そして、質の高い思考力には、その根底に正しい「価値観」が必要だと考えています。

「価値観」とは、「考え方」「信念」「思想」です。

通常、論理的思考を説明する際には、「いかに正確に事実をとらえ、それを論理的に組み立てていくか」ということがテーマになります。

多くの「論理的思考力」や「問題解決」の本では、思考には余計なバイアス（偏り）をかけてはいけないということが前提になっています。

しかし、「正しい思考力」には、「価値観」という前提が必要不可欠だと、私は考えています。

本書の最後に、私の思考のベースとなっている「価値観」について説明したいと思います。

「価値観」がなければ、良いアウトプットはできない

思考のベースに価値観がなければ、どんなに正しい「論理的思考力」を学んでも、間違った方向に舵《かじ》をきってしまう危険性があります。

たとえば、トヨタ自動車のカイゼンは、すぐれた生産方式のひとつとして知られていますね。すぐれた生産方式ならば、すべての企業がまねすれば、すべての企業の生産効率が上がることになります。

でも、多くの企業が生産効率について悩んでいます。

なぜ、多くの会社がトヨタ自動車のカイゼンをまねできないのでしょうか？

それは、**トヨタ自動車の「価値観」や「イズム」が前提となっていなければできないことだから**です。

価値観にのっとったカイゼンという技術があり、さらにその仮説検証を日々繰り返し、実践しているからこそ、トヨタ自動車はカイゼンに成功しているのです。

まねするのであれば、トヨタ自動車が築いてきた価値観まで習得しなければ、成功できないでしょう。

成功するための「価値観」

ビジネスのいちばん根底にあるのは、良い商品やサービスを提供することです。**良い商品、良いサービスを提供すれば、みんなを幸せにできる。**

これが私のビジネスに対する根幹の考え方です。

私には藤本幸邦《こうほう》先生という人生の師匠がいます。長野の篠ノ井《しののい》のお坊さんです。永平寺の最高顧問もされていましたが、残念ながら、先年99歳で亡くなられました。

あるとき、藤本先生に聞かれたのです。

「小宮さん、経済って何のためにあるか知っていますか?」と。

「わかりません」と言ったら、先生は、「経済というのは人を幸せにするための道具です。経済も政治も人を幸せにするための道具であり、手段なのです」とおっしゃいました。

続けて、「じゃあ、あなたの会社は何のためにあるかわかるよね」と聞かれました。そこまで言われればわかります。

経済が人を幸せにするための道具だったら、私の会社も皆さんの会社も、人を幸せにするための道具の一部分なのです。

ビジネスで成功するには、そういう「正しい考え＝価値観」を持てるかどうかが大切です。

価値観という大前提を持ちながら、便利なツールなどを利用して、頭の中の「引き出し」の中身を出し入れし、本質をつかんでアウトプットする。それがまさに私の論理的思考のあり方なのです。

「質の高い思考力」が成功のスパイラルを生み出す

結論から言いましょう。

「良い仕事」＝「社会への貢献」です。すなわち、「良いアウトプット」です。

現在のような供給過剰の時代では、良い商品、サービスを提供することで他社との違いを出すことが「良い仕事」であり、「社会への貢献」です。

どこの会社も「お客さま第一」が大原則です、と言っています。

でも、在宅介護の会社の「お客さま第一」と、投資ファンドの会社の「お客さま第一」とでは、もちろん中身が違ってきますよね。

それぞれの会社における、**良い商品、良いサービスとはいったい何なのか。それを徹底的に考えて、実践していくことが、ビジネスに必要な思考力なのです。**

私の考え方の根底には、「ビジネスというのは誰も損をしないものだ」という思いがあります。

たとえば、私が的確なアドバイスをしたことで、顧客企業の業績が良くなれば、それは社会への貢献ですよね。

また、良い本を書いて、多くの読者の方が「なるほど」と新しい気づきを得てくれたとしたら、それも社会への貢献です。

飲料品メーカーが儲かれば、原材料を提供する会社も儲かるし、ペットボトルのメーカーだって儲かります。儲かれば税金もたくさん払えます。誰も損をしないのです。

ビジネスそのものが社会貢献なのです。会社の商品やサービスが社会に貢献して、受け入れられれば、結果として売上や利益が上がります。

社会貢献の意味をはき違えてはいけません。「慈善事業をしろ」と言っているわけではないのです。企業の最大の社会貢献というのは、良い商品や良いサービスを提供すること、それ以外にはないのです。

世の中というのは、そうじゃないといけないと私は信じています。しかし、その道理をわかっていない人が少なくありません。

相次ぐ不祥事で一部の企業に「倫理観」「社会的な姿勢」が欠けていたのは、正しい「価値観」を経営者が持っていないからだと、私は見ています。

昔から成功している経営者は皆さん同じことをおっしゃっています。

ピーター・ドラッカーしかり、松下幸之助さんしかり、稲盛和夫さんしかり。

「良い仕事をして、社会に貢献しなさい」と。

質の高い思考力を身につけ、それを実践し、小さな行動を積み重ねると、良い仕事ができるようになります。良い仕事ができると、また新しい思考が生まれるという、良いスパイラルが生み出されるはずです。

良い仕事は成功への近道です。質の高い思考力は、「成功のスパイラル」を生み出すのです。

この本では、頭の中に「引き出し」があると想定して、その「引き出し」の数を増やす、「引き出し」の中身を量・質ともに充実させる、「引き出し」の中身を整理・整頓する、ということを通じて、論理的思考力を身につける、そして思考の展開（＝ひらめき）を行うことを説明してきました。

そのために大切なことは、日々真剣にモノを見続けること、そして、勉強し続けることではないかと思います。

「学問に王道なし」と言われますが、そのとおりだと思います。

本書を通じて、一人でも多くの方が、思考力を高められ、良い仕事ができることを願ってやみません。

もっと「思考力」を高めたい人にオススメの本

『日本経済新聞』の数字の読み方

『ハニカム式 日経新聞1週間ワークブック』(小宮一慶、門出希著、日経BP社)

『日経新聞の数字がわかる本』(小宮一慶著、日経BP社)

現象を分解するツールの使い方

『ビジネスマンのための「解決力」養成講座』(小宮一慶著、ディスカヴァー・トゥエンティワン)

財務諸表の読み方

『「一秒!」で財務諸表を読む方法』(小宮一慶著、東洋経済新報社)

本書は、2008年にインデックス・コミュニケーションズから刊行された『小宮一慶の実践! ビジネス思考力』を文庫収録にあたり、改題・加筆・再編集したものです。

〔著者紹介〕

小宮　一慶（こみや　かずよし）

経営コンサルタント。株式会社小宮コンサルタンツ代表取締役。十数社の非常勤役員も務める。

1957年、大阪府堺市生まれ。81年京都大学法学部卒業。東京銀行に入行。84年から2年間、米国ダートマス大学エイモスタック経営大学院に留学。MBA取得。帰国後、同行で経営戦略情報システムやM&Aに携わったのち、岡本アソシエイツ取締役に転じ、国際コンサルティングにあたる。この間、93年にはUNTAC（国連カンボジア暫定統治機構）選挙監視員として、総選挙を監視。94年には日本福祉サービス（現セントケア）企画部長として在宅介護の問題に取り組む。95年に小宮コンサルタンツを設立し、現在に至る。

フィールドでの実践をもとに、企業規模、業種を問わず、幅広く経営コンサルティング活動を行う一方、年百回以上の講演を行う。新聞・雑誌、テレビ等の執筆・出演も数多くこなす。経営、会計・財務、経済、金融、仕事術から人生論まで、多岐に渡るテーマの著作を発表。その著書70冊以上、累計発行部数は200万部を超える。

主な著書に、『ビジネスマンのための「発見力」養成講座』『どんな時代もサバイバルする会社の「社長力」養成講座』（共にディスカヴァー携書）、『「1秒!」で財務諸表を読む方法』（東洋経済新報社）、『日経新聞の「本当の読み方」がわかる本』『日本経済が手にとるようにわかる本』（共に日経BP社）、『コンサルタントの仕事力』（朝日新聞出版）他多数。

小宮コンサルタンツHP　http://www.komcon.co.jp/
ブログ　http://komcon.cocolog-nifty.com/

本書の内容に関するお問い合わせ先
中経出版編集部　03(3262)2124

中経の文庫
本質をつかむ思考力

2012年2月2日　第1刷発行
2012年3月14日　第4刷発行

著　者　小宮　一慶（こみや　かずよし）

発行者　安部　毅一

発行所　㈱中経出版
〒102-0083
東京都千代田区麹町3の2　相互麹町第一ビル
電話 03(3262)0371(営業代表)
03(3262)2124(編集代表)
FAX03(3262)6855　振替　00110-7-86836
http://www.chukei.co.jp/

DTP／ニッタプリントサービス　印刷・製本／錦明印刷

ISBN978-4-8061-4288-1　C0134

中経の文庫

30代になって体重が気になったら読む本

鈴木　志保子

カルビ2枚でご飯1膳分!?／清涼飲料水「カロリーオフ」には要注意／休日の食べ方次第で、カラダは変えられる……など、有名アスリートや大手上場企業社員への栄養指導で実績ある著者が教える、リバウンド・ゼロの実践テクニック満載の1冊です。この本で正しい栄養知識を身につければ、10年後のメタボ検診なんてこわくない!

40代　あなたが今やるべきこと

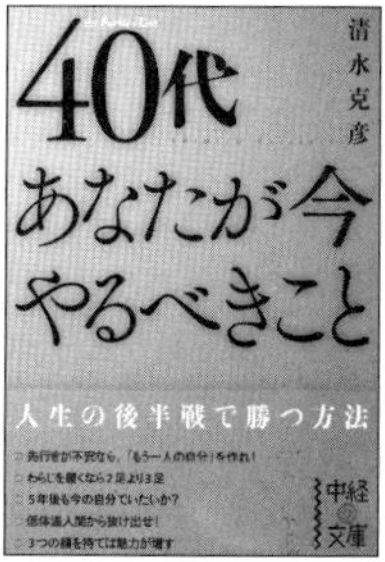

清水　克彦

人生の後半を満足してすごすためには、40代に何をしたかが、とても重要です。自分の今後はある程度見通せるが、まだまだ気力も体力も充実しているこの年代。あなたが今やるべきことは、そんなに難しいことではありません。これまでのスキルを組み合わせ、ちょっと視点を変えてみるだけで、人生の展望が大きく開けます。「時間の手綱は誰にも渡すな!」「40代は信頼感と重みで勝負」など知っておきたい55項目を収録。

中経の文庫

図解でわかる!　ディズニー　感動のサービス

小松田　勝

創業者ウォルト・ディズニーが掲げた「すべてのゲストがVIP」という理念を、9割は準社員（パート・アルバイト）であるキャストが、なぜ今も継続して実現することができるのか？「ゲストの立場に立つ」「細部にこだわる」「毎日が初演」……など、働く人たちのホスピタブルな意識を高め、行動につなげるしくみを、元教育担当者がわかりやすく解説。

[図解] 池上彰の　経済のニュースが面白いほどわかる本

池上　彰

「デフレ」「日経平均株価」「円高・円安」「国債」など、テレビのニュースや新聞の経済面には、毎日のようにさまざまな経済用語が躍ります。ですから、これらの言葉をよく知らないと、さまざまな情報をスムーズに理解することはできません。

本書は、経済関連の必要最低限のキーワードを、著者・池上彰氏ならではの語り口でわかりやすく解説し、経済のニュースを見たり読んだりするうえでの"虎の巻"！